经济转型中的能源思考

林伯强 著

本书为新华都商学院能源经济与低碳发展研究院和厦门大学能源经济和能源政策协同创新中心的研究成果

科 学 出 版 社

北 京

内 容 简 介

    本书旨在探讨中国经济转型中遇到的各种能源问题，为经济和能源的可持续发展尽微薄之力。全书一共分为七个章节，首先从中国目前的经济和能源现状出发，对社会关注的能源平衡、能源独立及可持续发展等焦点问题进行了简要分析，给出了未来能源战略调整的建议；接着讨论了电力、煤炭、石油及新能源行业的发展和改革问题，从税改、补贴、碳排放权交易及能源期货等角度提出了节能减排的新思路；最后对近年的一些重要能源事件进行了专业解读。

    本书可供高等院校能源经济、资源经济等专业的师生，能源相关企业，政府相关管理部门及对能源经济和能源发展感兴趣的大众读者阅读、参考。

图书在版编目（CIP）数据

经济转型中的能源思考／林伯强著 . —北京：科学出版社，2015
ISBN 978-7-03-043336-7

Ⅰ.①经… Ⅱ.①林… Ⅲ.①能源经济–转型经济–研究–中国 Ⅳ.
①F426.2

中国版本图书馆 CIP 数据核字（2015）第 029397 号

责任编辑：林 剑／责任校对：彭 涛

责任印制：徐晓晨／封面设计：耕者工作室

科 学 出 版 社 出版

北京东黄城根北街 16 号
邮政编码：100717
http://www.sciencep.com

北京中石油彩色印刷有限责任公司 印刷
科学出版社发行 各地新华书店经销

*

2015 年 1 月第 一 版 开本：720×1000 1/16
2016 年 1 月第三次印刷 印张：10 3/4
字数：221 000

定价：118.00 元
（如有印装质量问题，我社负责调换）

前　言

现阶段中国的经济发展和环境要求发生了重大变化。能源是解决环境污染和可持续发展问题的关键，能源的未来发展需要应对新的宏观经济社会发展常态。经济转型过程中的能源约束是一个系统性问题，包含能源消费总量控制、能源结构合理优化、保障能源安全、能源电力的区域间协调发展等方方面面。政府应在政策层面对各地区和各行业实行因地制宜、因时制宜的政策措施，科学有效地解决经济转型过程中的能源约束问题。政府能做的和需要做的显然很多。

首先是能源价格的市场化改革，既可以抑制能源需求，也有利于能源结构优化，还可以促进能源体制改革。因此价格机制改革是能源行业必须面对的一个核心问题。目前能源供需相对宽松，主要能源品种价格疲软，而且价格弱势还会维持相当一段时间，这些都是能源价格改革的有利条件，政府应该趁目前的有利时机尽快进行能源价格改革。

通过合理的价格机制设计，能够实现很多的政策目标。第一，由于能源效率提高可能导致获得能源服务或者产品成本下降，引起能源需求"反弹"，因此简单提高能源使用效率不一定会使能源消费总量减少，只有配合能源价格改革，才是长期促进节能的有效手段。如果能源相对于其他生产要素变得更贵，生产者会寻求要素替代或选择能效更高的技术，从而促使节能减排。第二，在目前的技术水平下，风电、太阳能等清洁能源成本高于常规能源，以往主要依靠补贴来增加其竞争力，但是补贴的不确定性放大了清洁能源投资的风险，通过提高常规能源的价格，使得常规能源价格当中包括两个清洁能源的正外部性（稀缺和环境），可以加强清洁能源的竞争性。通过能源价格改革，清洁能源将会有一个比较强劲的推动。第三，透明合理的定价机制有利于促进能源体制改革。虽然能源价格改革将面临公众承受能力和如何满足社会普遍能源服务，但可以通过合理的价格机制设计来解决公平和效率的问题，比如阶梯价格机制。

其次是政府职能转变是解决能源发展问题的另一个重要方面，包括如何有效解决能源市场的监管问题。如果说在能源中引入市场机制有利于理顺政府"有形之手"与市场"无形之手"的关系，那么能源监管则是为了进一步解决市场失灵，通过"无形之手"和"有形之手"共同促进能源市场健康发展。政府的作用需要从直接参与能源市场，向把握能源发展战略规划和加强引导转变。具体来说，政府在兼顾整体的平衡性和区域协调的基础上制定合理的规划，更多采用经济激励、财税补贴等市场机制政策（而非计划经济式的行政手段），对能源产业的有序发展加以引导，对在什么地方该做、以多大的规模做这两个关键问题上予以统筹，避免无序发展和过度建设。比如，引导煤炭产能合理发展、对煤化工产业把握总量控制、平衡区域内和区域间电源建设规模，等等。同时，健全能源监管，维护公平公正的市场秩序，为能源产业健康发展创造良好环境。举例而言，随着页岩气和煤层气快速增长，民营企业可能进入上游气源开发，而当前油气运输管道基本上都控制在石油国企手中。为保障公平的市场环境，政府需要解决垄断体制障碍，加强对管网设施的监管，既保证对供应商的无歧视接入，同时对管道运输价格进行有效监管。

采取何种监管模式？就我国实际情况而言，现阶段政府在价格和准入方面仍有相当大的影响，这一制度性问题短期内完全改变的可能性不大。监管模式的成败与否很大程度取决于对这一点的认识。目前采用政监合一，具体说就是在能源局内部设置监管机构，未来随着能源市场化改革的推进，有必要把能源监管机构独立出来，过渡到政监分离。

最后是能源体制改革。当前能源行业整体国有化程度约为86%，而且这个比例不断增大。在经济快速发展过程中，国有的能源企业能够不计成本地满足需求增长，有其短期的好处。国有企业固有的种种问题，包括竞争力不够、效率相对低下、垄断寻租等，都被快速增长过程中如何满足巨大的能源需求增量这一重要任务所掩盖。但是随着经济增长趋缓、环境压力增加，这些问题将日益凸显，而且会成为能源行业长期的健康可持续发展的障碍。

目前发展混合所有制是能源体制的改革方向。主要的思路是通过引入民营和外资，加剧市场竞争，倒逼能源企业提高经营活力。投资收益的不确定性和对国有能源企业的不信任，都影响民营和国外资本参与的积极性。因此，对于能源行业"混合所有制"改革的最大考验，在于如何满足非国有资本的收益要求，包括收益水平和确定性。从这个角度说，能源价格改革和能源体制改革都是吸引民营进入能源行业的必要条件，只有透明合理的市场化价格形成机制，才能提高经营者对市场的可预期程度，而能源体制改革所提供的公平合理的游戏规则，使经济要素充分流动，市场本身就可以解决合理收益的问题。

本书是作者在厦门大学能源经济和能源政策协同创新中心和新华都商学院能源经济与低碳发展研究院的研究成果，是一部密切关注中国能源发展动态，聚焦能源热点问题，致力于解决低碳经济转型中面临的能源困境和政策选择的专著。希望为能源经济学者、工作在能源领域第一线的实践者，以及社会各界对能源问题与政策感兴趣的广大读者，特别是能源政策当局提供准确、及时、全面的能源发展信息。

林伯强

2014 年 12 月，厦门

目　　录

第1章　概述 ··· 1

1.1　经济与能源 ··· 1

1.2　"能源三角"及其平衡 ·· 4

1.3　资源环境约束下的能源宏观平衡 ····························· 5

1.4　中国能源面临的机遇与挑战 ·································· 7

1.5　能源独立问题 ·· 10

1.6　"超级"能源部委 ·· 13

第2章　能源战略调整 ·· 15

2.1　鼓励民营企业进入能源行业 ·································· 15

2.2　能源价格改革 ·· 19

2.3　重视西部节能减排 ·· 24

2.4　深化海洋油气工业发展 ·· 26

2.5　优化能源资源配置 ·· 28

第3章　电力和煤炭市场改革 ··· 30

3.1　电力市场改革 ·· 30

3.2　煤炭价格"双轨制"改革 ······································ 36

3.3　煤电一体化 ··· 40

3.4　阶梯电价 ·· 48

第4章　石油市场 ·· 54

4.1　行业情况 ·· 54

4.2　成品油价格机制改革 ··· 59

4.3 石油安全 ··· 67

第 5 章 节能减排新思路 ·································· 75

5.1 深化资源税改革 ··· 75

5.2 减免消费税和进行有目标的价格补贴 ············ 79

5.3 碳排放权交易 ·· 80

5.4 原油期货交易 ·· 85

第 6 章 新能源行业发展 ·································· 90

6.1 行业情况 ··· 90

6.2 风电行业发展 ·· 96

6.3 非常规天然气行业 ··· 99

6.4 核电行业 ·· 108

6.5 光伏行业 ·· 114

6.6 垃圾发电 ·· 122

6.7 稀土行业 ·· 125

第 7 章 重要事件解读 ···································· 129

7.1 天然气并购事件 ··· 129

7.2 大宗商品价格回落有助经济企稳回升 ············ 131

7.3 中海油收购尼克森 ··· 132

7.4 欧盟航空碳税 ·· 135

7.5 中俄合作 ·· 139

主要参考文献 ·· 144

第 1 章
概　述

1.1　经济与能源[①]

1. 十年回顾

加入世贸组织后，中国经济飞速发展。中国的国内生产总值从 2001 年的 10.8 万亿元增至 2010 年的 40.3 万亿元，年均增长超过 10%。世界银行数据的数据表明，2010 年中国经济对世界经济增长的贡献率为 25%，是全球第一经济增长动力。2001 年到 2010 年这十年间，一方面中国传统优势产业潜能（如家电、纺织、电子等）得到了释放；另一方面中国的船舶、汽车等制造业在激烈的国际竞争中得到快速发展，成为外贸出口的新增长点。中国经济的高速发展不仅惠及全中国人民，也惠及了世界经济的发展。中国的对外经济合作取得了令人瞩目的成就：中国的货物贸易进出口规模在 2001 年到 2010 年间从 5098 亿美元跃升至 30000 亿美元左右，进口规模世界排名从第 6 位上升到第 2 位，出口规模更是跃居第一位；吸引外商直接投资累积 7595 亿美元，在发展中国家排名首位；2010 年对外直接投资总额高达 688 亿美元，位居世界第五。

现代经济体的成长离不开能源工业的支持。十年来，中国能源工业发展迅速，是支撑经济持续快速发展的关键因素。与 GDP 增长相一致，过去十年里，中国一次能源[②]的生产总量翻了一番，居世界第一。中国比较重视能源工业的基本建设与更新改造，在总量上保持了较高投入。2000 年中国能源工业投资额为 2839.59 亿元，2010 年该数值为 11 219.45 亿元，约为 2000 年的 4 倍。就投资结构而言，电力行业投入占比较大，我国电力行业投入占比自 2000 年以来

[①]　本部分内容为作者发表于 2012 年 8 月 24 日《中国社会科学报》的文章，原题为《能源经济学》。

[②]　一次能源：是指自然界中以原有形式存在的、未经加工转换的能量资源，包括化石燃料（如原煤、石油、原油、天然气等）、核燃料、生物质能、水能、风能、太阳能、地热能、海洋能、潮汐能等。

就一直处于 60% 以上；其次是煤炭及石油天然气采掘等一次能源开发，但比重在下降，该比重的下降，标志着中国能源工业的建设重点从保障一次能源供应能力转向了提高能源产品加工转换效率①、走向现代能源工业结构体系。

随着能源工业投资力度的不断增强，我国主要能源产品的生产能力得以大幅度提高。第一，作为最重要的能源产品，煤炭的生产能力显著提高。2001～2010 年，全国原煤产量由 11 亿吨上升到 32 亿吨，年均增速达到 10.4%。在煤炭采掘生产能力大幅度提高的同时，新增煤炭洗选②能力与新增煤炭采掘能力的比率大幅度提高，煤炭洗选能力与新增煤炭采掘能力的比率由改革开放前的 15% 提高到现在的接近 40%。第二，目前我国石油产量大致稳定在 2 亿吨左右，居世界第四位，这标志着我国炼油技术水平的原油深加工能力得到充分发展。2010 年，我国新增炼油能力约 3000 万吨，一次原油加工能力突破 5 亿吨。第三，天然气生产能力近几年有了较大增长，2000 年我国天然气产量仅 272 亿立方米，2010 年这一数值达到 948.5 亿立方米，增长 248.1%。第四，支撑我国现代化经济和社会发展的电力在十年间也经历了跳跃式的发展。2001 年全国装机容量 3.4 亿千瓦，到 2010 年全国发电装机容量已经高达 9.6 亿千瓦，是 2001 年的 2.8 倍。虽然以煤为主的电力结构依旧，但清洁能源③的水电、核电、风能发电等的新增机组容量的比重得到了大幅度提高，2010 年，全国水电装机比例为 22.36%，核电装机比例为 1.12%，并网风电装机比例为 3.06%。

2. 学科热点与发展

能源工业在快速发展的同时也存在着诸多问题。例如，能源消费量持续快速增长对保障能源持续稳定供给形成巨大压力，此时能源的科学合理规划显得非常重要，但这恰恰是我国长期以来比较薄弱的一环。又如，能源产品定价机制缺乏科学性和透明度，不能很好地反映资源稀缺程度；电力改革相对滞后与煤电矛盾导致的因缺电而造成经济损失较大；能源资源管理缺乏规范机构设置和制度，中央、地方各方利益复杂博弈；清洁能源发展缺乏有效规划和激励政策；等等。

这些能源领域的矛盾，只有经过专业经济学研究后提出解决方案才有可能缓解。我国经济学的发展是把马克思主义政治经济学与西方经济学理论结合起

---

① 能源加工转换效率指一定时期内能源经过加工、转换后，产出的各种能源产品的数量与同期内投入加工转换的各种能源数量的比率。

② 煤炭洗选：利用煤和杂质（矸石）的物理、化学性质的差异，通过物理、化学或微生物分选的方法使煤和杂质有效分离，并加工成质量均匀、用途不同的煤炭产品的一种加工技术。

③ 清洁能源：不排放污染物的能源，它包括核能和可再生能源，其中，可再生能源是指原材料可以再生的能源，如水力发电、风力发电、太阳能、生物能（沼气）、海潮能等能源。

来，联系我国经济实践，就一些具体经济问题，进行分析、论证和解释说明，逐步形成与中国经济社会背景相关的经济理论和解决方案。在此过程中，对西方经济学的大量引进可以说是我国经济学发展的一个突破点，而我国经济的快速发展及持续快速发展的要求在为经济学研究提供良好素材的同时，也对经济学研究提出了较高要求，即如何实现可持续的经济高速发展，以帮助我国步入发达国家行列。因此，可持续经济增长成为近年来我国经济学界长盛不衰的热门议题。

作为经济增长不可或缺的因素之一，能源对经济的影响力日益增加，致使能源经济学在近年来兴起，并蓬勃发展，逐渐成为经济学界关注的热点。能源资源是有限的，资源的稀缺性与人类欲望的无止境是经济学的一对基本矛盾，而这一矛盾也正是经济学研究的基础，由此而引起的种种选择问题正是经济学的研究对象。能源经济学正是以主流经济学为主线，结合运用其他学科，来探索人类如何面对有限的能源资源并作出权衡取舍的选择的科学。

近十年来，由于人口、资源、环境和经济可持续发展的四大问题都与能源资源及其开发利用密切相关，如何实现能源的可持续利用及经济的可持续发展，逐渐成为现代经济学研究的热点与前沿问题，并促使越来越多的国家和国际组织开始对包括能源、环境与经济增长的关系及能源的政府公共政策问题等在内的能源经济问题进行系统、深入和全面的研究，寻求持续协调的发展目标。在相关研究中，关于能源需求与供给、能源要素与其他生产要素之间的替代、能源与经济增长关系的经济学计量模型及相关应用软件被更多地使用，一些关于能源、环境与经济增长的大型宏观经济模型得以建立并被广泛采纳。不少国家的大学也纷纷开设能源经济学学科和能源经济学课程，能源经济学步入一个蓬勃发展的阶段。最近几年，人们对能源稀缺（具体表现在能源价格持续上涨）和环境污染（具体表现在气候变暖的担忧和恐惧）的忧虑正在将能源经济学研究推到日益重要的位置。

缺乏高水平的能源经济研究来为政府制定能源政策提供建议，使得许多能源问题不能得到及时有效的解决。中国政府清楚地认识到能源及环境问题的重要性，也设定了五年规划中的能源强度①目标，但最终却只通过拉闸限电②来完成。我们知道能源价格对节能减排的关键性作用，但又很难把握价格改革的力度和速度。如何以最小的成本有效实现节能减排目标，是能源经济学目前急需研究的问题。因此，我们需要更多的能源经济工作者在现有研究的基础上笔

---

① 能源强度：生产某一单位经济产品或服务所需的能源产品量。能源产品量与 GDP 的比率通常作为整个经济系统的能源强度指标。

② 拉闸限电：是指在电力系统中拉开供电线路断路器，强行停止供电的措施。

耕不辍，取得更多高质量的研究成果，为丰富科学发展观下的经济理论体系作出持续的贡献。

1.2 "能源三角"及其平衡[①]

达沃斯世界经济论坛对"能源三角"的定义是：以环境可持续发展的方式促进经济增长，为人类提供普遍能源服务并保障能源安全。这要求我们在充足能源供应、环境污染和社会发展目标之间进行一种权衡，尤其是对像中国这样的发展中国家。

我国目前正处于城市化和工业化的发展阶段，国内的能源需求将持续地快速增长，国内的能源消费也会保持一段时期不断上升的态势。减少能源补贴的能源价格改革是平衡这些目标的重要手段之一。

众所周知，政府对能源的行政定价意味着正向或负向的补贴。我国经济快速增长要求充足的能源供应和可以承受的能源成本。在我国，煤炭提供了约70%的一次能源和接近80%的电力，提高能源价格的困境在于能源成本是一个十分敏感的问题。我国目前以煤炭为主的能源结构可以以更低的成本提供能源，但却导致了更多二氧化碳的排放，造成了严重的环境污染。在目前的能源结构下，通过能源补贴来维持低能源成本会导致更多化石燃料的使用，这对于二氧化碳减排来说是一个挑战。实践中，设计不合理的能源补贴会增加无效的能源消费，增加二氧化碳排放和其他污染物排放。

从另外的角度来说，在我国，为公众提供普遍的能源服务，保证能源使用公平也意味着能源补贴。举例来说，我国的居民电价一直受到财政补贴。尽管进行了居民阶梯电价[②]改革，但目前居民电价制度仍然要求电力部门在保证普遍电力服务（用电公平）的前提下，对城乡居民实行统一的电价，从供电成本来说，每消费一单位电，城市居民就受到补贴。由于政府的其他社会政策目标，在我国实行的能源价格改革，往往是减少一种补贴的同时，却又造成了其他形式的补贴。

引入民间资本是保证充足能源供应的重要途径，但当前的困难在于如何鼓励民间资本进入能源领域。迄今为止，政府在引导民间资本进入能源领域方面作出了各种政策努力，但收效甚微。实际上，从1980年开始，我国的能源领

经济转型中的能源思考

4

---

① 本部分内容为作者发表于2012年11月29日《中国科学报》的文章，原题为《如何平衡"能源三角"》。

② 阶梯电价：把户均用电量设置为若干个阶梯分段或分档次定价计算费用。对居民用电实行阶梯式递增电价可以提高能源效率；通过分段电量可以实现细分市场的差别定价，提高用电效率。

域就对民间资本开放；在 20 世纪 90 年代，民间资本在发电侧中所占的份额高达 14%。但是，由于政府对电价的行政定价，加上近年来煤炭价格的持续增长，发电企业普遍亏损，这些原因和其他一些体制弊端，已经使得民间资本目前在发电侧中所占份额下降至不到 5%。仅仅依靠政策鼓励，而不采取诸如能源价格改革等配套政策改革，将无法鼓励更多的民间资本进入能源行业。

由于无法在能源供应、环境保护和普遍的能源可获得性之间作出合理选择，我国的能源改革至今步履维艰。目前能源行业所处的改革环境，相比十年前，并没有得到明显改善。政府已经意识到能源补贴的负面影响，并考虑通过定价改革来减少能源补贴。2012 年 7 月，政府开始改革居民电价，并着手对天然气价格进行市场化改革。

我国能源行业进一步深化改革需要新的思路和方法。无论能源改革如何进行，都必须充分考虑两个约束条件：一是让政府放开能源行政定价，由市场来决定能源价格（可能需要相当长一段时间）；二是任何改革都不能影响到能源的供应（因为我国仍然处于经济快速发展的阶段，持续快速增长的能源需求必须得到满足）。

这样，平衡"能源三角"关系对发展中国家来说意味着能源补贴的继续存在。即使一些能源补贴是合理的，但补贴设计上的不合理常常使得补贴政策的初衷与最终结果之间有很大的差距。要在我国形成合理有效的"能源三角"平衡关系，能源价格改革必不可少。在能源企业基本国有的情况下，如果政府出于种种原因不能放开对能源的行政定价，那么就需要更加合理的能源补贴设计，即通过设计目标更加明确、更有针对性的补贴来提高能源使用的效率和公平。

1.3　资源环境约束下的能源宏观平衡[①]

日益恶化的能源安全、环境污染、气候变化问题，迫使我们开始更宏观地考虑能源行业问题。一个国家的能源问题是围绕着能源平衡而展开的，即围绕着用多少能源、用什么能源，以及如何在约束下进行平衡选择而展开的。

宏观能源平衡与传统的能源平衡有变革性的区别。传统的能源平衡是简单地从能源供给侧考虑满足能源需求，而宏观能源平衡是兼顾政府节能减排指标

[①]　本部分内容为作者发表于 2012 年 4 月 9 日《中国能源报》上的文章，原题为《宏观能源平衡符合发展实际》。

（能源强度、碳强度①和能源消费总量控制）和绿色发展，将节能作为满足能源需求的一个重要组成部分。以往的区域能源发展战略，一般是先确定某个时期内的能源需求，而后根据能源资源生产储备状况确定能源投资和供给。当然，以往的能源平衡也涉及节能减排，但是，节能并不是约束条件。

新的宏观能源平衡基本公式是：能源需求量＝能源供给量＋节能量。在这个平衡公式的指导下，能源宏观平衡模型可以有以下两个优化过程。

宏观能源平衡公式看上去虽然很简单，但它不是基于简单的能源平衡，而是有很强的政策含义。在能源需求量既定和资金量有限时，要保证多少能源供给和多少节能，取决于投入。也就是说，资金既可以投向能源生产（进口），也可以投向节能。那么，有多种政策组合可供选择，如果将更多的资金投入到节能中，节能量就提高，但是能源生产投入就会相应减少。政府可以通过选择能源供给投入和节能绿色投入，以满足能源需求的成本最小化。因此，政府投入和公共政策如何引导资金流向，对能源和绿色投入的选择至关重要，这是能源宏观平衡模型的第一个优化过程。

由于中央政府的"十二五"强制性碳强度目标②，能源平衡要求除了针对二氧化硫、粉尘和氮氧化物等污染物，还必须包括减少二氧化碳排放。因此，能源规划需要将二氧化碳排放作为满足能源需求的一个约束条件，即能源需求公式中的能源供给量要加上二氧化碳排放约束。

一个特定的二氧化碳约束量就会有相对应的能源结构。一般说来，二氧化碳排放约束越紧，煤炭在一次能源消费结构中的比例就越低，如果油气保持稳定，核能、风电和太阳能等新能源的比例就需要增加。不同的碳排放量对应的能源结构不同，其能源成本及其对经济增长、就业等的影响也会有所不同。因此，需要对不同的能源结构及其对应的能源成本进行分析，从经济社会角度考虑是否可以接受该能源结构。政府可以将节能和排放约束下可以接受的能源结构作为能源规划的基础，考虑使用什么样的政策支持能源结构的实现。

可以预见，随着二氧化碳排放约束收紧（排放量下降），对应的能源结构将发生相应变化，GDP、就业等宏观经济变量都会出现不同程度的下降，单位GDP能耗、二氧化硫和固体废弃物排放也随之出现不同程度的下降。在开始时，排放约束对GDP和就业的冲击可能不大，但随着排放约束进一步收紧，其对GDP和就业等宏观变量的影响将加大，在排放约束达到某一临界点时，相对应的经济成本就可能是无法接受的。因此，能源宏观平衡模型的第二个优

---

① 碳强度是指单位GDP的二氧化碳排放量。
② 2009年11月，中国政府提出到2020年单位GDP碳排放（碳强度）要在2005年的基础上下降40%～45%的目标。

化过程基本上是一个经济增长、社会稳定和可持续发展的平衡，也是长期与短期的平衡。

宏观能源平衡模型可以在保障一定经济增长速度的前提下，在国家或一个省份的能源平衡中综合考虑如何应对政府的强制性节能减排和能源总量控制目标。应对政府能源总量控制，就是将公式中的能源需求量在一定的时期内固定在某一个数量，能源平衡就是在这个既定量的约束下，在能源供给量和节能量之间进行资源优化配置，确定最优能源供给量。以此类推，应对能源强度和碳强度目标也可以在相关约束的前提下，进行平衡优化。

能源宏观平衡还要求能源行业规划必须站到整体能源的高度，改变以往能源各行业单独进行平衡规划的习惯。各类能源之间有替代性，随着能源日益稀缺和能源价格的走高，各能源之间的替代性会越来越强。在能源价格比较低的时候，能源之间也会有替代，但是替代成本比较大，替代动力相对不强，如果替代需要的投资大，替代就可能是不经济的。而随着能源价格上涨，替代动力和替代条件日益充分，能源价格越高，替代投资就相对越小，替代可能性就越大。一旦能源价格走到一定高度，很多能源替代都将成为可能。

日益增强的替代性使各种能源产品的价格具有联动性。例如，石油价格上行会带动煤炭价格上涨，尽管可能会有一段滞后期。这种价格联动滞后关系既与能源替代相关，也受心理和其他因素的影响。能源替代性和价格联动性使得各种能源之间具有约束的相关性，各种能源的生产和消费也因此互相约束。能源宏观平衡模式由于考虑宏观节能减排目标，从而可以站在能源整体的高度考虑能源平衡，这更符合现阶段的发展实际。

1.4　中国能源面临的机遇与挑战[①]

2011 年世界能源发展充满了不确定性。欧盟经济难以摆脱困境，阿拉伯国家政局动荡不安，种种因素使得国际石油价格大幅度波动。日本福岛的核电事故也使世界核电发展充满了不确定性。但是根据 BP 公司的统计，虽然 2011 年世界局势不稳，世界一次能源消费仍然增长了 2.5%，与过去十年的平均能源消费增幅基本持平。能源需求增量主要来自于非 OECD[②] 国家，OECD 国家的能源消费下降了 0.8%，非 OECD 国家的能源消费增加了 5.3%，与其过去

---

① 本部分为作者发表于 2012 年 9 月 12 日《哈佛商业评论》上的文章，原题为《寻找未来能源突破口》。

② OECD：Organization for Economic Co-operation and Development，经济合作与发展组织，简称经合组织，成立于 1961 年，总部设在巴黎，是由 30 多个市场经济国家组成的政府间国际经济组织，旨在共同应对全球化带来的经济、社会和政府治理等方面的挑战，并把握全球化带来的机遇，目前 OECD 成员国总数为 34 个。

十年的平均增长水平大致持平。另外，石油消费比重在一次能源消费结构中逐年下降，但依然是最主要的一次能源，占比仍达33%。

中国不可避免地受到国际能源局势的影响，从能源结构看，首先是受日益走高的原油价格的影响。高油价对中国最直观的影响是更多的支出，中国每年需要花费约13 000亿人民币到国际市场上购买原油。更重要的是，国际油价与国内商品价格的相关性使得油价波动对国内的通胀，乃至对宏观政策造成影响。其次是低碳发展要求的影响。煤炭在中国一次能源消费中占比约70%，提供了全国约80%的电量。低碳发展背景下，即使中国政府了解低煤炭消费比重的重要性和紧迫性，在中国煤炭资源丰富、价格便宜的现实情况下，面对巨大的能源需求增量，迅速降低煤炭消费比重既不现实，也缺乏切实有效的办法。

1. 世界能源发展新趋势

节能技术的研发和应用成为新的经济增长点，同时也被认为是降低世界能源消费增长最有效的手段和实现"碳减排"的最主要措施。世界各国纷纷制定各种政策措施，推动能源设备和技术的革新，以实现节能减排和经济可持续发展。

天然气对煤炭的替代是一个比较确定的趋势。以美国为例，2013年4月份美国能源信息局发布的一份报告表示，此前的二十年间，天然气一直是美国煤炭发电替代的重要力量。特别是在2012年天然气价格低迷时，天然气发电替代煤炭发电的情况在全美各地广泛出现，IEA同年的数据表明，此替代使得美国能源相关的二氧化碳排放在五年的时间里减少了4.2亿吨。2012年IEA发布的《全球天然气市场中期展望报告》更是指出，2012年到2017年的五年里，全球天然气需求量将大幅增长，中国天然气消费量将翻一番。许多研究认为，未来天然气价格的区域间差异将缩小，亚洲现货市场的价格可能成为国际天然气市场的风向标。

美国是目前页岩气①开发最为成功的国家，并借此降低了其原油对外依存度，改善了能源消费结构。美国2009年超越俄罗斯成为世界最大的天然气生产国，EIA②更是预测美国2021年将成为天然气净出口国。美国的成功引发了全球对页岩气开发的高度关注，俄罗斯、波兰、英国、意大利、挪威及中国等

---

① 页岩气：从页岩层中开采出来的天然气，是一种重要的非常规天然气资源。

② EIA：Electronic Industries Association，电子工业协会，美国电子行业标准制定者之一，创建于1924年，当时名为无线电制造商协会，只有17名成员，代表不过200万美元产值的无线电制造业。而今，EIA成员已超过500名，代表美国2000亿美元产值电子工业制造商，成为纯服务性的全国贸易组织，总部设在弗吉尼亚的阿灵顿。

国家都开始加大页岩气开发的力度。

智能电网①是世界电网发展的新方向。发展智能电网将有效解决可再生能源发电的并网问题，促进可再生能源的商业化、规模化开发利用。此外，智能电网还可以有效推动电动汽车产业的发展。近期中国可再生能源发展减速，很大程度上受限于电网发展。

2. 中国能源发展趋势和发展约束

中国人口规模庞大，但人均能源消费相对较低。中国当前仍处于城市化和工业化阶段，也是向中等收入国家迈进的关键阶段，需要充足的能源供给来支持快速的经济增长。中国目前的高耗能、低能效及高排放的经济结构，是经济增长的阶段性问题。对于现阶段的中国来说，兼顾高增长和高效率十分困难。尽管中国各级政府规划都要求调整经济结构、降低能源消费以降低能源强度，但至今所取得的成果相当有限。这说明，为实现节能减排，中国需要付出更多的努力，同时也需要更多的帮助。

从能源角度看，中国现阶段的发展约束主要包括四个方面：能源稀缺、环境污染与气候变化、能源安全、能源成本。

首先，能源稀缺。中国人口基数大且人均能源消费水平低。可以预见，经济发展将使中国面临能源匮乏的问题，能源稀缺将是中国未来经济发展的硬约束，也应该是节能的根本动力。

其次，中国正面临环境污染和气候变化的巨大挑战。大量的能源开采和消费对环境造成直接影响，是中国目前主要的污染来源。由于经济的高速发展，政府很难从根本上扭转生态污染恶化的势头，而能源需求导致的二氧化碳排放量不断增长使得中国面对的气候变化压力不断增加。

再次，中国能源安全问题的本质是石油安全问题。2011 年中国的石油对外依存度为 57%，如果政府不采取相应的措施，到 2015 年石油对外依存可能会超过美国，达到 65%。此外，近年来中国天然气和煤炭的进口量也在快速增长。

最后，包括中国在内的发展中国家都面临着能源成本这一现实问题。经济的高速增长需要充足且廉价的能源作为支撑。满足巨大的能源需求增量将使节能减排变得更为困难，成本也更高。中国政府十分关注社会稳定和能源成本，

① 智能电网：智能电网是电网的智能化，又称为"电网2.0"。它建立在集成、高速双向通信网络的基础上，通过自动化的方式，利用模拟或数字信息及通讯技术来收集和处理信息（如供应商和消费者的行为信息），以提高电能生产和分配的效率、可靠性、经济性和可持续性。

第 1 章 概 述

9

因此，能源价格是社会的敏感问题，也是影响中国清洁能源发展的核心因素。

3. 中国如何实现可持续发展

中国实现经济和能源可持续发展的关键在于清洁能源。目前，中国的清洁能源发展成效显著，但是也面临着诸多障碍。障碍之一是较高的成本。我国的煤炭价格要比清洁能源（风能、太阳能及生物质能）价格便宜很多，高成本导致的高价格阻碍了清洁能源推广。障碍之二是清洁能源的"质量"。中国的资源分布决定了西北大规模的清洁能源输送，这对电网的输配能力提出了挑战，也对清洁能源的使用"质量"造成了影响。障碍之三是核电发展的受阻。核电是一种能够大规模供应的清洁能源，而近期日本的核电事故给中国的核电发展蒙上了阴影。然而，随着石油对外依存度不断提高、煤炭消费量不断增长，为了确保能源安全和应对环境气候问题，中国有足够的开发新能源的动力。

中国庞大的人口规模及巨大的能源需求增量，为中国清洁能源产业提供了广阔的发展空间。中国目前拥有较高的清洁能源研发能力和较低的研发制造成本。政府应该制定配套政策为清洁能源提供良好的发展环境，保护知识产权和鼓励创新。此外，政府还应当出台相关政策措施，为新能源技术创造良好的融资环境。

短时期内，中国政府对清洁能源发展提供财政支持是必要的，然而就长期而言，清洁能源竞争力的提高还需要依靠化石能源定价机制改革。从目前每次提高电价的难度可以看出，政府目前采取的低能源价格政策，抑制了清洁能源发展的潜力。如果政府想继续控制能源价格，就需要设计出更好的补贴机制，以支持清洁能源的发展。

1.5 能源独立问题①

1. 美国能源独立的愿望

从能源价格（特别是石油价格）的日益高涨及国际政治局势（如中东和北非）的日益动荡出发，美国总统奥巴马 2011 年 3 月在华盛顿乔治敦大学发表演说时提出，美国要逐步提高能源独立性，目标是从现在到未来的十年时间里，美国从世界各地进口的石油将减少三分之一。

参照奥巴马提出的目标，美国到 2025 年原油进口量要比 2010 年减少 1/3。

---

① 本部分内容为作者发表于 2012 年 8 月 13 日《环球时报》及 2012 年发表于《能源研究与利用》上的两篇文章，文章原题分别为《能源安全应借鉴美国策略》《美国能源独立的启示》。

而按照 2010 年美国进口原油 916.3 万桶/日计算，通过未来 15 年的努力，美国原油日进口量将削减 305 万桶左右，达到 610 万桶/日。为达到上述目标，美国从供给和降低石油依赖两个方面给出了相应的对策建议，如加大美国国内的石油产量、开发替代能源及提高能源利用率。

2. 能源独立的可能

对于美国的能源独立目标，外界当然是质疑不断。20 世纪 70 年代石油危机[1]后，历任美国总统从不间断地提出能源独立，然而美国的石油对外依存度却一直居高不下。美国是世界上最大的石油消费国，目前的石油对外依存度仍然超过 60%，美国人民的能源消费习惯和消费理念并没有什么革命性的改变。因此，实现能源独立应该是一个相对的概念。

首先，扩大本国石油开采量也无法满足美国长期石油需求。2010 年美国国内石油总产量同比增加 6.4%，平均日产 530 万桶，增幅达到近几十年的最大值。即使如此，美国石油的对外依存度依然未得到显著降低。究其根本，原因在于美国自身石油禀赋的限制。美国石油蕴藏量仅占全球的 2%。虽然近年来美国为了克服陆上石油资源的限制，将目光投向了海洋，加大了海上石油的开采。但由于海上石油开采周期及成本方面的限制，加之频发的漏油事故加剧了民众对环境破坏的担忧，美国的海上石油开采之路并不顺利。目前来看，美国想要依靠提高国内原油产量降低其石油对外依存度实是困难重重。

其次，开发替代能源以减少石油进口的可能性不大。美国是目前全球页岩气开发最为成功的国家，其天然气产量也因此超越俄罗斯跃居世界第一。美国页岩气的成功让人开始思考其通过能源替代降低石油依存度的可行性，但答案依然是否定的。2012 年美国一次能源的消费结构为原油 37.1%，天然气 29.6%，煤 19.8%，核能 8.3%，水电 2.9%，可再生能源 2.3%[2]。原油在美国一次能源消费中的占比表明，美国想要通过天然气的出口来抵消石油的进口必将是一个遥远的过程。

其次，美国在开发替代能源和提高能源利用效率方面，前景也不乐观。一是成本因素。在美国，传统化石能源仍然是成本较低的一种能源，而以风能、太阳能和生物燃料为代表的清洁能源成本则相对较高，公众依然习惯使用廉价能源。二是技术因素。清洁能源如风能、太阳能等，对自然条件的要求较高，目前仍难以保障大量可持续的供应，而且清洁能源（如风能、太阳能等）受

---

① 包括第一次石油危机（1973 年）和第二次石油危机（1979 年）。

② 数据来源：《BP Statistical Review of World Energy 2013》。

自然条件影响较大，供应不够稳定，质量不敌传统化石能源，而可以保证稳定供应的核电的发展进程也因为日本福岛核电站的核泄漏危机蒙上了一层阴影。

3. 中国的能源独立

我国目前的能源供应形势不容乐观。首先，近十年我国石油进口量节节攀升，2013 年原油净进口量为 2.82 亿吨，对外依存度超过 57%，我国的石油供应安全受到越来越严峻的考验。其次，除了石油进口增加，我国的天然气进口量也在增加，我国天然气对外依存度目前为 31.6%，2020 年可能达到 40%。再次，虽然我国煤炭基本自给，但 2012 年的煤炭进口总量达到 2.9 亿吨，而国际动力煤市场容量才仅有 7 亿吨左右。

中国的能源需求快速增长，是全球最大的能源消费国之一，占全球能源消费的 20%。这对于一个 13 亿人口的大国来说，似乎是理所当然。但是 2011 年中国能源需求增量占全球能源需求增量的 70%，这将会对国际能源市场造成怎样的影响？除了可能推高国际能源价格，我国能源需求的巨大增量也将成为支撑国际能源价格的一个基本因素。中国一次能源消费中煤炭消费占比 70%，煤炭提供了 80% 的电量。相较于其他能源资源，我国煤炭资源较为丰富，价格较为便宜，这本是我国能源独立的基础；但是，在低碳发展背景下，政府不得不降低煤炭消费比重。然而现实中，面对巨大的能源需求增量，降低煤炭消费比重并不现实，也缺乏切实有效的方法。因此，能源独立对于我国来说很重要，难度也很大。

能源独立的解决方案其实比较简单，尽管存在许多想象空间，但现实的基本路径还是节流和开源。所谓节流，就是要提高能源效率，从生产和消费两端节能。例如，树立节能意识或放开能源价格，促使消费者转向更为节能的生活方式。相对于节流，开源显得更直接一些，开源包括两个方面，一是加大国内的石油产量，二是通过开发可再生能源和核能以减少对石油的依赖。经过几十年的开发，我国陆上可以找到大型、超大型油田的几率越来越低，而既有的大油田又面临着资源枯竭、开采成本增高的难题。因此，大规模走向海洋，尤其是深海油气开发已经是必要而且迫切的事情。而对于可再生能源，尽管目前的开发成本和能源质量不占什么优势，但随着技术进步，可再生能源仍可以大规模开发利用。核能方面，虽然日本核泄漏事故对我国核能事业发展有不利影响，但至少从目前的形势来看，还不会改变我国核能发展的战略方向。

美国的能源独立是在两次石油危机以后提出并付诸实践的。正是由于石油价格的大幅度上涨对美国整体的宏观经济、就业等造成比较大的影响，美国才会积极寻求能源独立，力图通过增加本国的能源生产，如开采页岩气来替代油气进口等手段，以降低美国石油对外依存度。由于石油对外依存度相当，石油价格大幅度上涨和波动对我国宏观经济的影响应该和美国相似。但和美国不同的是，我国的能源资源可能更少，社会承受能力更低。如何更好地应对能源独立问题对于我国的经济发展和能源安全来说都是一个急需思考的问题。我们应当意识到这是一个困难但却必须坚持的过程。

1.6 "超级"能源部委[①]

1. 是否需要"超级"能源部委

2012年年初，英媒体称中国将建立超级能源部委，相关方面在考虑在下一年设立一个主管能源事务的"超级部委"，取代当时的国家能源局。而随着时间的过去，猜测中的"超级部委"却一直没有出现。那么中国是否需要这么一个"超级"能源部委？

每次政府换届都有这个猜测。与以往讨论的成立能源部面临的阻力类似，成立超级能源部的主要问题还是如何将能源政策和管理职能从国家发展和改革委员会分出来。当然，与2008年相比，现在成立能源部的动力的确要大很多。中国在过去的5年内，能源消耗量急速膨胀，能源相关问题也跟着急速膨胀。煤电矛盾导致电力短缺，原油对外依存度急速攀高，天然气成品油价格改革等，很多能源问题已经到了不能再拖的地步。我国的确需要有专门的能源部进行能源思考和能源决策，以及确定更长远的能源战略。

一方面，我国能源问题需要更独立、全盘地思考。比如说，目前我国能源消费占全球消费总量的20%，预计能源需求在2020年前仍将保持大幅度增长的趋势，这些能源将从哪儿来，会面临着什么样的价格？又如，国家发展和改革委员会提出以我国资源消耗为基础的发展模式难以为继，这种观点大家早已听得很多，大部分人也都相信难以为继，但为什么政府说了这么久，高能耗现状却依旧未得到改变？未来我国还有更多的诸如此类的有关转型时期障碍的讨论，我们需要对这些障碍进行更深层次的理解，并积极思考如何解决这些障碍。

另一方面，我国的能源问题需要从更为长远、更具战略性的角度来思考。虽然我国的新能源发展迅猛，但是到2010年年底风电装机仅占总装机的

[①] 本部分内容为作者2012年2月13日发表于《机电商报》上的文章；原题为《我国确有需要设立"超级能源委"》。

3.2%，贡献电量仅为总量的 1.2%，太阳能更是可以忽略不计。可以说在相当长一段时间内，我国仍将以煤电为主。煤电提供了我国 70% 的一次能源和80% 的电量，而且由于清洁能源增量满足不了能源需求的增量，煤炭需求的绝对量还会持续增加，碳排放的挑战也只会越来越大。此外，石油价格越高，石油动荡的原因就会越多，我国能源安全压力也会日益增大。而为了解决煤电矛盾，国家发展和改革委员会于 2011 年年底选择对煤炭价格进行限价，意味着未来煤电矛盾依旧。诸如上述的许多困难和挑战只有经过解决，才能实现经济的可持续发展。

2. 能源部委的责任

如果设立国家能源部，其主要职责应包括能源战略和能源政策制定、能源行业管理、能源相关技术研发、环保能源的生产和利用等。能源部也是政府在能源科学研究领域的主要管理和资助机构，通过科技进步来拓展未来的能源选择。另外，能源部还需在能源问题上进行国际合作，并确保我国应对能源危机的能力。

宏观来说，如果设立能源部，其主要工作应该从以下几个方面着手：促进安全、有竞争力的和有利于环境保护的能源生产，保障能源供应；维护国家能源安全，促进国际核能源安全利用；对能源数据和价格进行信息收集、分析和研究，制定长期的能源供应和使用政策；提高能源使用的效率和有效的需求侧管理等。

国家能源部还需负责管理石油战略储备。除了保证适量的石油储备、石油的易得性和进行石油价格博弈外，还要负责定期审查储备情况，并就储备相关问题向政府提出建议。具体还包括进行必要的替换，以及临时性借调原油帮助石油公司解决因运输等造成的暂时供应困难问题。

面对能源安全和低碳发展，能源部的具体任务是减少对化石能源的需求和依赖，促进可再生能源的开发利用，提高能源利用效率，实现需求侧管理，保障能源供应；减少对外国石油的依赖；减轻贫困人群对能源价格上涨的负担；增加可再生能源技术的可行性和利用性；增加建筑物和电器的能源利用效率；增加工业的能源利用效率；促进国内生物能源工业的发展等。

第 2 章
能源战略调整

2.1 鼓励民营企业进入能源行业

2010 年 5 月 13 日，国务院颁布《国务院关于鼓励和引导民间投资健康发展若干意见》（简称"新 36 条"），鼓励民间资本进入能源行业。此后，国土资源部、电监会及国家能源局等部门也纷纷颁布意见鼓励民间资本进军能源领域，能源行业的民营企业加入引起了广泛的关注。

1. 为何鼓励民营企业加入①

2012 年以来，能源行业一个比较显著的发展特征是民营企业比例越来越小。无论是电力、石油或是煤炭，都存在国有企业迅速扩张、民营企业日益衰弱的现象。我们常常听到的是国有企业做大的好消息和民营企业"夹缝中求生""玻璃门"的呼声。

能源行业目前的基本情况是国有企业一家独大，而且越做越大。我国经济转型中，能源行业中国有企业占主导地位有其历史原因和经济发展阶段性的需要，现阶段国有企业做大也有其短期的甜头（如国有大煤矿合并民营小煤矿可以减少矿难、提高回采率、应用更先进的采矿技术及加强政府的行业可控性等），但是国有企业的迅速扩张也隐含了威胁经济社会可持续发展的风险。

国企垄断是能源行业中许多根本性问题的根源，国有企业迅速扩张引发的问题比较多。其一，如果没有政府的充分约束，国有企业"以大为先"的经营特性可能造成能源产能过剩和浪费，而政府的行政产能管制又容易导致短缺和浪费；其二，国有企业高度集中会挤出民营企业与外资，降低行业的有效竞

---

① 本部分内容为作者发表于 2012 年 6 月 29 日《中国证券报》上的文章，原题为《保持民间资本比例，提高能源行业效率》。

争，限制部门效率的改善；其三，使能源价格成为政府宏观政策的工具，减缓能源改革进程；其四，国有企业迅速扩张还可能影响社会和谐。这些风险主要可以归纳为三个方面：效率风险、价格风险和社会和谐风险。只要存在一定比例的以盈利为主要经营目标的民营企业和外资，这种风险就会大打折扣。

应该说，近年来我国能源企业在经营管理理念和提高设备使用效率方面都有很大提高。但和国外发达国家相比，究竟处在一个什么样的水平，仍需要研究讨论。按道理说，目前我国的能源行业效率不应该低，就电力来说，都是新机组、新设备，应该是高效率的。国有企业相对不透明的经营结构常常是国有企业监管的难题，而它们承担的政府职能使得这一问题更加复杂化。目前很难判断国有能源企业的经营底线在哪里，比如说，亏损不怕，因为这些亏损可能是政策性亏损。一个没有经营底线的行业是没有效率的，民营企业和外资的进入会为这个行业设立一个经营底线和必要的财务纪律性，也可为合理制定能源价格提供一定的参考依据。让民营企业和外资企业参与能源行业，对于国家安全不会产生大的影响，相反，对提高整个行业的效率会有很大帮助。

鼓励民营企业参与同时也是要让消费者有更多选择，使能源产品和服务的价格更具竞争性。我国的能源改革不是为了涨价，但涨价常常是能源改革的直接后果。目前能源领域的关键性问题和最大的难题仍是能源价格上涨，而除了政府补贴，提高能源行业效率是减少能源价格持续上涨的唯一途径。鼓励民营企业加入可以提高我国能源的行业竞争度和行业效率，降低能源成本。从这个意义上说，民营企业参与是能源行业改革和可持续发展的重要保证。

2. 鼓励民营企业进入能源行业需要能源改革①

一直以来，民营企业经济在能源行业常常遭遇"玻璃门"现象，意指政府的鼓励性政策就像被挡在玻璃门背后一样，看得见却享受不到。"玻璃门"现象的原因很多，主要包括目前的能源政府定价无法保障民营企业投资收益，能源国有垄断企业的排他性不利于公平竞争，小煤矿整顿导致对保障产权的质疑，国家相关部门设置的准入门槛及现行经济体制下政府机构对国有企业的依赖等。

近十年来，"非公经济"在能源行业的份额不仅没有增大，而且是逐渐缩小，许多以前在传统能源领域的外资和民营企业都已基本被国有企业挤出，这说明政府对民营企业和外资仅仅开放和不排斥还不够，还必须进行实质性的能

---

① 本部分内容为作者发表于 2012 年 7 月 4 日《中国证券报》上的文章，原题为《推进能源改革，吸引民间投资》。

源改革。

国土资源部、电监会及国家能源局的一系列公示都表明，政府希望民间资本进入能源行业的愿望非常强烈，但是由于能源体制和能源大环境没有改变，还不能确定能否真正见到效果。在能源市场不完善、能源价格市场化改革尚未完成的大背景下，如何保障民营企业投资收益，提供一个与国有能源企业公平竞争的市场环境，尤为不易，需要有特别的政策配套。从能源可持续发展的角度考虑，政府需要在能源价格机制的改革问题上真正迈出改革的步伐。

能源改革与鼓励民间资本参与是解决能源效率和能源可持续问题的相辅相成的两个方面。能源改革才能吸引民营企业参与，而民营企业参与会促进改革和巩固改革成果，从而保证能源行业可持续发展。理想的能源企业效率改革应当是一个整体工程且需要整体设计，主要包括资源管理体制和价格改革、国有企业和投资体制等配套改革，以及相应的政策法规建设。此外，由于一些经济转型国家的情况与中国比较接近，因此我们可以借鉴它们的能源垄断企业改革经验。许多经济转型国家（如波兰、匈牙利、立陶宛、爱沙尼亚等）都有独立的能源管制机构，负责行使政府对能源行业的监管职能。

由于目前能源行业民营企业比例非常小，因此，国有能源企业改革也是鼓励民营企业参与的一个重要方面。通过深化国有能源企业改革，加快建立现代企业制度，国有能源企业可以通过吸收多种经济成分，或改制为多元投资主体的有限责任公司或股份有限公司。改制后，国有能源企业在产权制度、经营机制等方面实现根本性的转变。通过加强管理、加快企业技术进步、强化成本约束机制等，增强市场适应力和竞争力。民营企业可以通过参股、控股、兼并或竞争特许经营权的方式参与能源行业的建设、经营和管理。

能源行业改革是吸引民间投资的必要条件。能源改革使许多经济转型国家的能源行业比较成功地吸引了民营投资者，相信通过能源改革，我国应该也能够在能源行业切实地增加民营企业参与。

3. 鼓励民间资本进入能源行业的关键是能源价格改革[①]

鼓励民间资本进入能源行业，面临收益、产权、公平竞争三大根本性问题，但关键是能源价格改革。目前由政府定价的能源价格机制，实质上要求民营企业和国有企业一样承担政府的社会职能，这是不合理的。民营企业的社会责任和承担政府社会职能不是一回事。做一个守法、关注环境和贫困的企业就

---

① 本部分内容为发表于 2012 年 7 月 19 日《中国科学报》上的文章，原题为《鼓励民资进入的关键是能源价格改革》。

是一个具有社会责任心的企业。如果要求它们承担政府对能源的社会补贴，会带来经营的不确定性，甚至是企业生死存亡的问题，这是阻碍民营企业进入能源行业的一个重要因素。

能源产权多元化需要能源价格改革。就能源行业来说，打破能源垄断的必要条件是产权多元化。如果政府定价，产权多元化就很困难。在目前国有企业一家独大和价格由政府控制的情况下，投资放开还不足以吸引民营企业进入。例如，电力发电侧已经对外资和民营企业开放了 20 多年，我们不但没有看见外资和民营企业大量进入，反而看到它们在变现退出。导致这种情况出现的原因之一在于，当能源价格持续上涨时，政府定价不能为能源行业提供一个相对确定的商业运行环境。能源调价滞后的牺牲者必然是民营企业，因为只要政府愿意，国有企业可以政策性亏损，资金链也不会断，民营企业则不行。

国有企业垄断能源加上行政定价，能源价格就必然成为政府宏观政策的工具，也很难避免将政府的社会职能强加在企业头上。民营企业的参与有利于解决这个问题。比如，如果消费物价指数（CPI）走高，能源价格调整就只能滞后，因为国有企业亏损也能生产，但是如果能源企业中有相当规模的民营企业，可能政府就有另一种做法，因为亏损造成的电力短缺问题更大。能源价格成为政府宏观政策工具的危险之一在于它会进一步扭曲价格；而能源价格成为政府宏观政策工具的另一个危险就是能源改革常常会因为各种社会经济问题而搁浅，使改革丧失一些重要机会。此外，延缓能源价格改革会增加可持续发展的成本，因为如果没有可行的能源替代，政府的能源定价可能导致能源无效或低效使用，这意味着将来会有更高的能源价格和更大的环境成本。

由于能源的特殊性，能源价格改革的阶段性困难应得到充分理解。改革的好时机应是当能源行业的运行情况比较好，或者至少还不太坏的时候。不幸的是，在能源行业整体运行情况比较好的时候，通常对改革的迫切性难以引起足够的重视，能源改革必须要居安思危。在能源改革时，保证社会稳定的优先性不应该是改革的障碍，而应该是动力。加速能源改革进程需要各级政府的改革决心，需要制订详细的改革实施计划，以及具体的工作步骤、措施和明确的改革时间表。

在近十年的电力大投资中，民营企业基本上是不参与的，甚至变现退出，这种现象值得我们反思。只有通过反思，才可以找出解决问题的办法。除了能源价格改革，政府还可以通过有意限制国有能源投资，为民营企业提供更大的经营空间，鼓励民营企业进入；通过实行国有企业和民间资本联营为民营进入创造机会等。

在目前国有企业一家独大的情况下，如何鼓励民营企业参与，也是改革的一个大难题。为了今后能源行业有一个良好、有效率的运行环境，现在就应当给民营企业更好的理解、更大的空间和更多的扶持。

2.2　能源价格改革[①]

我国能源改革的关键性矛盾是价格矛盾。价格矛盾直接影响能源供应、社会和谐、能源行业的可持续发展，以及经济发展的可持续性等问题，这个现状需要改变。而能源价格改革的关键在于：需要透明的定价机制、透明的能源企业成本和公平有效的能源价格补贴；需要尊重定价机制，同时致力于有区别的、直接的能源补贴设计；需要进行有目标、有步骤、有时间表的主动渐进性改革。

1. 能源政府定价的问题

我国煤、电、油、气供需中的突出矛盾及气荒、电荒和油荒，追根究底，原因都是价格问题。解决这些问题，短期方案是保证各方的供应积极性，但这种情况下存在由于市场扭曲而产生不经济的可能。长期而言，根本的解决办法则依然是市场化的价格机制改革。我们可以采用"摸石头过河"的渐进性改革，但需要有步骤、有计划地进行。

最近常常出现的油荒、电荒、气荒，引起了公众对能源价格改革的关注。在 2012 年政府工作报告中，政府则跟以往一样，强调深化能源价格改革。然而能源价格改革每年政府报告都说，但我国能源价格改革进程依旧缓慢，能源价格改革常常是小幅度、小范围的改革。比如说，2011 年的提电价、限煤价，以及近年来政府提出但尚未实施的完善成品油价格机制改革。

能源政府定价存在许多问题。首先，只要是政府定价，提价就常会被理解为政府在涨价而不是市场涨价，因此涨价是政府不愿意做的事，这导致能源价格长期低于供应成本；其次，政府常常很难向公众解释"能源紧缺时价格要涨，能源过剩时价格也要涨"的这种情况。因此，定价机制很重要，没有明确的定价机制，价格的风险预期就不明确，能源企业就必须博弈，甚至与政府博弈、与消费者博弈。为了不让价格博弈影响经济运行和社会稳定，政府需要通过改革建立合理透明的价格机制，并且尊重价格机制。

---

① 本部分内容为发表于 2012 年 9 月 18 日《东方早报》上的文章，原题为《能源价格改革要有时间表》。

2. 为什么需要透明的定价机制

一个透明、合理的能源价格机制的关键点是：透明的定价机制、透明的能源企业成本和公平有效的能源价格补贴。

一个透明、合理的能源价格机制可以理顺发电产业链，保障能源供应。发电产业链包括煤炭、发电和电网三个环节，每个环节都需要被关注到，需要被理顺，有的环节赚钱，有的环节不赚钱，其结果就可能是能源短缺。一个能源产业链中，某个环节实行计划价格，某个环节实行市场价格，这在理论上是行不通的，在现实中也是不可持续的。经验告诉我们，煤炭、发电和电网这三个环节必须兼顾，必须有一个价格机制把这条产业链串起来。

一个透明、合理的能源价格机制有利于促进消费者参与和社会和谐。我国现在仍处于经济转型发展时期，能源行业中的企业基本是国有企业，存在相当的垄断（电网）现象。能源价格改革和提价，有时是必需的，是为了提高能源效率，也是为了今后能有较低的能源价格。在缺乏价格机制的政府定价的情况下，能源价格改革和提价，对于公众来说，是一笔算不清的"糊涂账"。之前每次改革和提价都演变为供需"博弈"和各方力量对比，引发公众质疑，导致社会和谐受到很大影响的原因就在此。一个透明、合理的价格机制，可以帮助公众理解合理的价格和补贴，当然这需要以相对透明的企业成本为前提。

一个透明、合理的能源价格机制可以鼓励国外资本和民间资本参与能源投资。目前中国的能源行业是国有企业一家独大，且越做越大。而要提高行业效率，除了增加资金来源，还必须要有民营企业和外资的参与，因为它们的进入会为能源行业设定一个经营底线和必要的财务纪律性。

一个透明、合理的能源价格机制可以减少能源成本。缺乏价格机制的市场扭曲将导致更大的浪费和成本，导致今后更高的能源价格。首先，电荒说明，发电产业链的煤电矛盾会导致缺电，虽然能源过剩与短缺都会给经济带来损失，但是短缺的成本远大于过剩的成本。比如说，电力短缺的限电有很大的经济成本，而在发电装机不缺的情况下限电，成本更大。其次，如果发电企业走到了需要"集体突围"寻找其他发展来盈利的地步，那么我们面临的可能是今后更大的行业矛盾和成本。最后，"计划煤"和"市场煤"的差价导致不稳定的电煤契约，难以保证稳定的供应。我国煤炭运输主要靠计划安排，没有煤炭合同，就很难安排运力。另外，只要有差价，就一定有中介，也会产生相应的交易成本。

一个透明、合理的能源价格机制有利于能源监管。由于能源的特性，政府不会也不能远离能源，但政府应该尽量选择市场化的办法进行调节干预。例如，可以同时设计补贴和税收，这都是相对市场化的做法。具体地说，政府对能源价格的监管有两个重要方面：一是对能源企业进行严格的成本和价格监管；二是如果政府认为有必要维持相对稳定的能源水平，可以运用直接补贴，这种情况下完善补贴机制的设计很重要。由于我国大多能源企业都属国有，因此政府可以在相对市场化的税收和补贴上做文章。除了稳定、透明的价格机制，政府还可以运用补贴去补贴消费者，这在市场化的发达国家也是常有的。

一个透明、合理的能源价格机制可以避免煤炭重回"计划"。电力消费了中国近50%的煤炭，只要电价受控，煤炭就无法完全市场化。缺乏一个理顺发电产业链的价格机制时，如果电价无法上涨，而煤价持续上涨，煤炭的相对市场化地位终将受到挑战，也就是说，如果政府选择管制电价，可能需要考虑同时管制煤价。

一个透明、合理的能源价格机制有利于市场化改革。如果确立某一价格机制，如煤电联动，从开始时由政府按照机制决定联动，逐渐过渡为由电力企业自主联动；从政府设定联动范围的企业自主联动，到由电力企业根据市场供需自主调价，政府价格监管，基本上就是一个价格市场化过程。发达国家在能源价格调整机制的很多方面也是这么做的，如燃料调整机制。能源改革的关键是建立一个合理透明的定价机制。如何定价，都离不开加强能源企业的财政廉洁和能源效率。

3. 主动的能源价格渐进性改革

渐进性改革可以分成两种：一种是主动的渐进性；另一种是被动的渐进性。主动的渐进性改革应该是有步骤、有计划、有目标的渐进改革。主动的渐进性改革除了目标明确，还有时间要求，一旦确定改革，就要坚定不移地推行。

我国之前的能源价格改革，大多还是属于被动的渐进性改革，都是出现问题，或者矛盾积累过多，或者已经到不改革不行的时候才去改。即使改革，也常常是幅度尽量小，或者比预期小。我们可以理解为什么能源价格改革缓慢且常常沦为被动的渐进性改革，因为每次改革，政府都必须充分考虑所有的经济、社会、政治风险，才会确定改革和改革幅度。但是，被动的渐进性改革是有成本的。

首先，被动的渐进性能源价格改革的成本比较大。能源既是生产资料，也是生活资料。在现代社会中，能源基本上与所有的经济活动和居民生活直接相关，其重要性、复杂性和敏感性，导致其在改革过程中存在和面临的社会经济问题很多。现实中，我们的能源价格改革常常会因为各种社会经济问题而淡化或搁浅，原因是能源价格成为政府宏观政策工具的另一个风险，使得改革因此丧失一些重要机会。同时，扭曲必然增加成本（主要是增加可持续发展的成本），因为如果没有可行的能源替代，不能反映稀缺和环境成本的能源价格政策，将导致能源无效或低效使用，这意味着将来更高的能源价格、更多的排放和更大的环境成本。

其次，被动的能源渐进性改革的成本还会引申出代际问题。能源不可再生的稀缺性及其环境外部性决定了能源的代际问题非常值得关注和讨论。能源的不可再生性导致能源成本将持续上涨，目前的低能源成本的选择应该是一个代际的推移。举例来说，由于能源企业基本国有，我们的确可以通过能源企业亏损来压低能源成本，但是，国有企业的亏损最终需要政府（公众）买单。也就是说，能源成本是不可避免的，我们可以选择的是：是现在，还是以后买单。在应对环境问题上，基本也是这个道理。因此，能源的代际问题是，下代人的幸福程度往往建立在这代人是否愿意对能源环境成本负责任的基础上。从经济学的角度出发，一个可能的解释是，因为能源稀缺和环境问题都具有外部性，除非政府有所作为，现代人没有主动承担外部成本的动力。

4. 改革才有出路

没有透明定价机制的能源行业，除了存在投资和运行的不确定性，还会影响能源行业的可持续发展和能源供应，增加能源成本。合理、透明的能源价格机制不仅是为了缓解能源企业的财务负担、解决能源产业链矛盾，更重要的是为能源投资提供一个相对确定的商业环境，为能源投资，尤其是民营企业和外资的能源投资，提供可以预期的财务保障。可以说，能源价格已经到了改革的关键时期，需要改革的方面比较多，而且需要配套进行。无论改革与否，能源价格都会逐步上涨，透明的定价机制是赢得消费者理解的关键，是为消费者参与定价留有一席之地的表现。

在经济转型的过程中，由于整个市场化改革配套的缺位，我国的确很难进行一次性的、整体性的能源价格改革跨越。但是，对于一些比较重要的价格改革目标，我们应该要有目标、有计划地推出去。换句话说，如果确定了一个方面的改革，就应该坚定不移，不受其他因素的影响。如果举棋不定，拖泥带水，改革就谈不上有步骤、有计划了，就会沦为解决矛盾式的被动渐进性改革。

改革过程中，常常会出现突发事件或宏观问题，但是我们不能让它们影响改革的步调，因为它们的存在是经常性的。例如，通货膨胀水平不应当影响能源价格改革的出台，因为一般来说，现阶段的能源价格改革对通货膨胀水平影响很小。主动的渐进性改革就是，除了特别重大的威胁，政府应该把准备成熟的改革推出去。如果说由于目前的通货膨胀等问题，把本应该推出来的价格改革方案，延迟到明年、后年……，这就不是渐进性改革，而是被动式改革。

政府在能源价格改革方面常常强调"择机"改革，"择机"就意味着"不确定"。等待改革时机是相对的。改革的时机的确很重要，它可以影响改革效果和接受程度，但是，除了改革时机本身的争议性，等待改革时机是个很不确定的事件。对于能源价格改革来说，最好的时机是能源价格低廉的时候，目前来看，这个时机可能非常难等到，也很可能等不到。

事实上，即使在严格执行定价机制的前提下，政府还是可以通过其他更为市场化的手段，影响整体能源价格水平。比如，目前我国成品油价格机制遵循国际接轨原则，除了政府其他社会方面的考虑，国内油价基本上由国际油价决定。国际上各国的能源价格水平很不相同，一个国家的能源价格水平取决于其资源禀赋、发展阶段和政策目标。从经济学角度看，能源价格需要反映成本，是行业可持续的基本保障，而通过提高能源价格可以促进节能减排，这也没有争议。一旦成品油价格机制改革推出，而国际油价大幅度上涨，政府还是可以通过其他更为市场化的手段降低油价的影响。比如，目前我国汽油税比美国高1.32元，政府可以考虑降低消费税，如果将税收降低至美国的水平，就可以为进一步调价提供比较大的空间。而在特殊时期，采用税收来降低成品油价格也是其他市场化国家（如美国、日本、韩国等国）使用过的办法。

5. 能源价格改革与补贴

从某种意义上说，我国能源改革是解决能源补贴问题，但是能源价格改革和定价机制的确立并不排斥能源补贴。发展中国家的能源补贴问题，常常是补贴过多和补贴方式不当。发展中国家采用的主要补贴方式为采用压低能源价格的消费者补贴，这种补贴通常没有特定目标群体，降低了能源产品的终端价格，造成比没有补贴时更多的能源消费和更大的污染排放。发展中国家的能源补贴有其合理性，但是补贴方式需要改革。当然，改革必须考虑取消能源补贴会对经济、社会和环境产生什么后果。特别是在发展中国家，必须考虑取消能源补贴对贫困人群的影响。

政策制定者通常认为，取消能源补贴就等于放弃社会政策目标。其实不然，改革补贴可以通过更好的办法实现某一社会政策目标，并且不会与其他社会目标冲突。也就是说，我们应当不断寻找更有效的方法来实现社会目标

（如对贫困人群的服务），而不是仅仅依靠能源补贴。比如，社会保障系统，对于贫困人群来说，它比低能源价格可能更有效。再如，利用减少或取消能源补贴而节省的资金，直接用于社会福利项目融资（包括直接增加收入、健康和教育投资等）。

能源补贴改革不是独立的，必须将其纳入一个更广泛的经济和社会改革中。能源补贴改革应该与财政改革齐头并进，建立更完善的能源税收制度，燃油税改革就是一个范例。从长期来看，竞争有助于减少能源供应成本和价格，减少补贴的同时还必须进行市场化改革。能源补贴改革的关键是：政策制定者应该认识到，能源补贴是解决社会问题的一个方法，但不是首要方法，教育、健康和福利政策才是主要办法。此外，与税收一样，补贴（负税）的关键是透明，不透明的补贴不仅使人曲解补贴的用意，还会使补贴流入不该受补贴的人手中。

改革能源补贴基本上是一个效率选择问题，是在短期措施与长期战略之间如何选择的问题。我们知道能源稀缺与环境问题的严重性，但它们的不确定性却往往使我们不知所措，乐观主义常常是人们选择短期措施的借口，但问题是，这种乐观是盲目的。

2.3　重视西部节能减排①

根据各省份公布的 2012 年 GDP 的预期增速数字，西部地区的 GDP 预期增速普遍高于中、东部，这意味着，在全国节能减排形势趋紧的情况下，西部地区的节能减排形势将更加严峻。

目前，西部地区的节能减排工作存在一些特殊的困难，需要中央政府的政策支持。西部地区节能减排的困难主要来自于国内高耗能产业由东部向西部的转移。由于经济发展的规律性，也因为其自身经济增长的需要，西部地区承接了高耗能产业的转移，使得原本就很大的节能减排压力随之增加。

我国东西部之间的收入和发展差异类似于发达国家和发展中国家之间的差距，从这个意义上说，遵循国际贸易的基本法则，东部高耗能产业和低端产业将逐步向西部转移。虽然中央政府有意抑制高耗能产业向西部转移，但是想要阻挡这种趋势比较困难。因为西部有广阔的经济发展空间、充足的资源和相对低廉的劳动力价格，且西部的环境成本和人口密度要远低于东部。环境污染的

---

① 本部分内容为作者发表于 2012 年 5 月 22 日《21 世纪经济报道》上的文章，原题为《西部节能减排的挑战》。

成本与人口密度、收入水平呈正比，如果污染不可避免，那么相对于东部来说西部的环境污染成本比较低。当然，政府可以有意识地在政策上对高耗能转移进行抑制或者管理，但是发展的大潮依然无法阻挡，因为资源配置是市场化的行为和后果，是经济发展的必然。

丰富的可再生能源是西部发展的优势。在节能减排的大背景下，资源丰富的西部省份通过大力发展可再生能源，在带动产业发展的同时使能源结构趋于清洁化，从而实现减排，这似乎是一条"光明大道"，但也存在困难。西部发展中，可再生能源发电的步伐迈得很大，尤其是大风电和太阳能项目。但西部省份本地区的吸收能力有限，多余电量的市场出路在于长距离输电，否则就意味着设备闲置、产能过剩。可再生能源发电的长距离输送存在一些问题：首先，由于可再生能源发电具有间歇性和不稳定性的特点，长距离输电还要考虑储能、备份的成本；其次，当可再生能源发电的份额上升到一定比例时，电网成本也将大幅度上升，甚至可能超过发电成本，而目前缺乏政策来界定运输成本的分担。当前可再生能源发展基金只补贴发电侧，但对于西部清洁能源发电而言，发电端与最终消费端之间还有相当远的距离，不考虑输配端成本的分担是不合理的。因而现实中我们需要解决可再生能源发电的成本分担问题，充分调动电网积极性，尽快解决并网问题。

在经济增长比较快的阶段，太阳能和风能发电不可能成为保障电力供应的主力，保障电力供应主要还是依靠稳定的常规能源。即使是西部，也还是主要依靠煤来满足能源需求的增量。太阳能、风能等清洁能源发电比例是一个逐渐提高的过程。根据发达国家的经验，只有在电力需求相当稳定、供给充足的情况下，大规模地发展新能源来满足能源需求才成为可能。

针对东西部产业转移和产业结构差异的问题，国家在节能减排指标中，应该给西部更大的空间，因为现阶段经济增长和能源需求还是刚性的比例（东西部可能存在差异，但基本相似），没有能源支撑，就没有经济的进一步发展。节能指标的分配是一个困难的过程，现在的指标对西部是否合理，指标的落实和反馈情况如何，都要慎重考虑。对一个国家来说，总量控制是最重要的，但在固定的"十二五"节能减排指标的前提下，如何建立一个比较合理的分省份指标体系，也值得深入研究。

西部大开发从某种意义上也是能源大开发，但是，在此过程中需要尽量照顾西部的发展，防止演变成东部对西部的资源掠夺。首先，由西部的能源来支持东部的经济增长，必须保证能源价格合理。因为合理的能源价格一方面可以支撑西部当地的经济发展，另一方面还有利于抑制东部不合理的能源消费。其次，需要有两个反馈机制：第一，针对西部当地的生态环境，需要一个有效的生态补偿机制，即卖能源得来的钱，政府应该更多地回馈当地的生态保护以降低能源开发所导致的环境影响。第二，西部大开发很大程度上是由西部往东部的能源资源流动，从西部可持续开发的角度讲，应该建立另一个反馈机制，使得西部开发不单单只是财富从东部往西部的转移，还是一个财富向一般老百姓转移的过程，即西部一般老百姓的收入应该相应上升，使他们可以更多地利用清洁低廉的能源，能够享受到一个可持续的环境。

2.4 深化海洋油气工业发展

1. 海洋油气工业发展①

从莺歌海的油苗调查拉开序幕，我国海洋石油工业发展已逾半个世纪。过去的 30 多年，是我国经济改革和对外开放的 30 多年，也是我国海洋石油工业从小到大、由弱到强、自我超越的 30 多年，期间，海上油气产量完成了 9 万吨到 5000 万吨"海上大庆"的历史性跨越，成为我国油源供应多元化的重要一环。其中，中国海洋石油总公司（简称"中海油"）作为中国最大的海上油气生产商，功不可没。

我国已成为世界第一大能源消费国和第二大石油进口国，油气消费持续快速增长，原油进口依存度日益提高，中国寻找接续能源迫在眉睫。无论是从我国还是从全球来看，未来的油气勘探与开采都将以深海领域为主要发展方向，海洋正在成为各国获得新资源的战略重点，目前全球石油产量的 1/3 以上来自海洋。经过几十年的勘探开发，在我国找到陆上大型油田的几率不断降低，而现有的陆上大型油田又面临资源枯竭和开采成本增高的难题。中国拥有 300 多万平方公里海域，海洋油气资源量约占油气资源总量的 1/4，海域应是我国最现实也最重要的油气资源接续区。要解决我国原油进口困局，油气开发实现由陆地开发到海陆并重的转型是必然选择，海上油气产量已经成为我国能源供应不可或缺的一环。而我国海洋石油工业在海洋石油勘探开发、海洋大型装备和海洋工程技术等领域取得的一系列进展，为实现海上油气资源对陆上油气资源的接续做好了必要准备，更为大规模综合开发和利用海洋资源奠定了基础。同时不断攀升的国际油价也逐步缓解了深水油气开发中最大的瓶颈——高成本问题。

海洋油气勘探开发是一门跨学科、多领域的复杂集成系统工程。海洋油气

---

① 本部分内容为作者于 2012 年 2 月 10 日为中海油写的文章，原题为《海洋石油工业：与中国经济增长共舞》。

勘探开发关键设施的设计、建造与安装可以充分反映一国的工业技术水平和海洋资源开发的综合实力。我国自主研发设计制造的 3000 米深水钻井平台"海洋石油 981"的顺利交付，标志着中国深水油气勘探开发能力和大型海洋工程装备建造水平跨入世界先进行列。海洋石油工业的发展壮大，不仅推动了中国油气勘探开发和生产的科技进步，也带动了国内原材料、通信、冶金、机电、海洋工程装备制造和海洋工程等一大批海洋石油开发上游和配套行业的技术进步和产业升级。

中国海洋石油工业的发展历程，是我国石油企业"对外开放"与"自主创新"深度融合的过程，更深刻地折射出我国企业在市场化、国际化中的进步与蜕变。作为中国海洋石油工业的"先行者"，中海油也是我国石油企业对外合作的生力军。依靠对外合作专营权，中海油从无资金、无装备、无技术、无人才的"一穷二白"，到形成一套完整的与国际惯例接轨、专业配套齐全的管理和技术体系，成长为一个现代化的、朝气蓬勃、锐意进取、按照国际标准进行规范运作的上下游一体化的综合能源公司，最终走出国门参与国际资源市场竞争。中海油的对外合作过程，既是一个技术水平不断进步的过程，也是一个经营理念不断提升、运行机制不断创新的过程。我国海洋石油工业的发展经验充分表明，改革开放是中国海洋石油事业发展的重要推力，是增强国有企业发展动力和活力的重要来源，是中国参与经济全球化的重要条件。

2. 海洋油气工业发展要注重深海开发和环境保护并重①

建设海洋强国所包含的意义很多，从海洋资源开发这方面来讲，笔者觉得主要包括两方面的内容：一是中国海洋资源开发的技术和规模要提高；二是海洋环境保护需要重视。

中国的海洋资源包括传统意义上的渔业资源、各种海洋养殖等，我们这里主要谈的是海洋石油、天然气资源的开发。中国对海洋油气资源的开发早在几十年前就开始了，但是目前主要还是集中在浅海、中海，深海所涉足的区域还很少。这主要有两方面的原因：一方面是我们以前重视不够，另一方面是我们的技术还跟不上。其实，各国对海洋资源的开发都需要经历一个由浅海到中海，最后到深海的过程。

如果中国要建设海洋强国，资源的开发走向深海是必然趋势，这就需要我国的深海开发技术和规模要跟得上。目前，中国最先进的钻井平台已经下水。2012 年 5 月，针对南海恶劣海况专门设计建造的中国海洋石油 981 深水钻井平

---

① 本部分内容为作者发表于 2012 年 12 月 1 日《环球》上的文章，原题为《深海开发和环境保护并重》。

台在南海海域正式开钻。此事意义十分重大，它是中国石油公司首次独立进行的深水油气勘探。但这仅仅只是起步，中国在深海开发方面的经验还十分缺乏，还有很长的路要走。

在发展海洋强国，特别是在海洋资源开发的过程中，海洋环境的保护同样重要。海洋强国必须也是海洋保护方面的强国，如果建设海洋强国是以破坏海洋环境为代价，那么，做海洋强国也是毫无意义的。也就是说，中国要做负责任的海洋强国，这应该是建设海洋强国战略的题中之意。

在保护海洋环境方面，目前最需要做的就是完善相应的法律法规，并能够加强监管，切实贯彻这些法律法规，对那些污染破坏海洋环境的行为进行严惩。当国外的石油公司污染了我们的海域时，没有健全的法律法规，就不能理直气壮地向对方提出赔偿条件。2011年6~8月发生的英国康菲石油在渤海湾的漏油事件，就暴露出我国法律法规不够健全、对海洋资源开发企业监管不到位的问题。

其实，国家的海洋和陆地是密不可分的，一旦海洋被污染，即使在是深海，也会使陆地上的人们遭受损害。所以，政府必须加强宣传，提高国民的海洋意识及海洋环境保护意识。当然，这也是媒体的责任，只有整个社会都来关注海洋环境问题，才能引起政府的重视，才能迫使参与海洋开发的企业重视海洋环境保护问题。

2.5 优化能源资源配置①

中国的能源资源禀赋与能源消费逆向分布，客观存在的地理空间障碍很大程度上阻碍着我国的能源资源的优化配置。2012年中央经济工作会议上提出"加快重点能源生产基地和输送通道建设，积极有序发展新能源"，表明了国家对优化能源资源配置的迫切需求。相较于长距离煤炭铁路运输等能源输送方式，综合考虑包括环境成本在内的社会总成本，长距离大容量输电对于我国综合现代运输体系的建立具有重要意义。

长距离大容量输电有益于满足我国电力需求，促进西部经济发展，实现能源与环境资源优化配置，提高能源运输效率，保障能源安全。有效的能源运输要综合考虑满足能源需求、优化能源和环境资源配置、提高能源效率。由于能源资源大多储备在人口稀少、收入较低因而环境成本也比较低的中西部不发达

① 本部分内容为作者于2013年发表在《国家电网》上的文章，原题为《建设大容量长距离能源输送通道 优化我国能源资源配置》。

地区，需要从这些地区发电再送到人口集中的高收入发达地区，因此输电的能源资源配置和环境资源配置的方向是一致的。

我国长距离大容量输电的发展时间虽然要晚于国外，但经过近年的发展，已取得了一定的经验。从中国目前对长距离大容量输电工程的尝试看，银东直流工程具有很强的代表性。银东直流工程是±660kV直流输电工程，是目前世界上流量最大的输电工程。它起自宁夏银川东换流站，止于山东青岛换流站，途径宁夏、陕西、山西、河北、山东五省份，直流线路全长1333公里，是西电东送与"外电入鲁"的重要工程，为西北电网与华北电网的重要连接线。2011年2月28日实现双极投运，工程输送能力达到400万千瓦，工程投运以来一直保持安全稳定运行，2011全年山东电网累计从银东直流受电256.6亿千瓦。

西部地区由于总量与经济发展水平相对落后，基于其资源禀赋与目前的产业结构现状，"电力外送"具有支柱产业的意义。以银东直流工程为例，我们的研究表明，2011年，该工程对宁夏GDP的拉动和扶贫效益率的提高都十分明显。同时银东直流工程也对山东经济实现平稳较快增长具有重要的保障作用。而且，从社会总成本的角度出发，银东直流工程实现了能源资源的优化配置。从社会总成本来看，银东直流工程可以使山东在获得同样多的电量下花费比较小的社会成本。考虑二氧化碳排放的环境成本后，银东直流工程带来的总环境收益更加显著。

基于我们对银东项目的评估，如果政府进一步考虑建设多条长距离大容量输电工程，将可能整体改变我国能源运输的格局。目前，在通过把山西、陕西、蒙西及宁东地区的煤炭调到东部地区，就地平衡电力的模式下，现有铁路运力无法承受，煤炭专用铁路基础设施建设短腿现象越来越明显，运输瓶颈与输送过程中的社会成本过高将成为限制我国整体经济发展的制约因素。

随着我国加快西部能源生产基地建设，未来能源输送需求将进一步增加，如何以最小成本配置我国的能源资源，是摆在我们面前的一个挑战。客观上我国需要从更大的范围来优化能源资源配置。长距离大容量输电工程为解决我国能源平衡的基本问题提供了方向，有益于我国优化煤炭基地布局，有益于推动西部能源生产基地建设，也有益于缓解东部电力紧张和环境承载能力差的现状。

第3章
电力和煤炭市场改革

3.1 电力市场改革

3.1.1 新形势下的电力平衡[①]

根据目前中央政府的节能减排和能源总量控制目标，电力平衡需要改变以前简单地从电力供给侧考虑满足电力需求的做法，要同时将节能（电力需求侧管理）作为满足电力需求的一个组成部分。以往的电力平衡，一般是先确定某个期间的电力需求，然后根据能源资源生产储备状况，确定电力投资和供给。当然，以往电力平衡也涉及节能减排，但是节能并不构成约束条件。

新形势下的电力平衡将受到节能减排和能源总量控制目标的约束，在此，笔者提出电力宏观平衡模型，希望对今后的电力平衡提出一个比较完整的规划模式。新形势下电力宏观平衡模型的公式为：电力需求量 = 节能量 + 电力供给量。

公式虽然比较简单，但有很强的政策含义。在电力需求量既定和资金投入量有限时，要保证多少电力供给和多少节能，取决于投入。也就是说，资金既可以投向电力生产（进口），也可以投向节能，即政府有多种政策组合可供选择。如果将更多资金投入节能，节能量提高，但是电力生产投入就相应减少，反之亦然，因此政府可以通过选择电力供给投入和节能投入，以满足电力需求的成本最小化，这是电力宏观平衡模型的第一个优化过程。

由于需求侧的节能减排主要是通过电力实现，电力宏观平衡公式中的节能量受到政府节能减排指标的约束。因此，政府投入和公共政策如何引导资金流

[①] 本部分内容为作者于 2012 年 2 月 20 日发表于《中国电力报》上的文章，原题为《"供电+节能"：构架电力宏观平衡新模式》。

向，对电力投入的选择至关重要。

以往的电力平衡中，减排目标主要针对二氧化硫、粉尘和氮氧化物等，没有明确包括二氧化碳，但今后真正能够影响电力结构的是二氧化碳排放。因此，电力平衡还需要改变仅受资源约束的电力供需增长和电力结构平衡规划，将二氧化碳排放作为满足电力需求的约束，即对电力需求公式中的电力供给量加上二氧化碳排放约束。给出一个特定的二氧化碳约束量，就存在一个相对应的电力结构。一般说来，二氧化碳排放约束越紧，煤电在电力消费结构中的比例就越低，天然气、核能、风电和太阳能等排放率较小的新能源的比例就越高。

当然，不同的碳排放量对应的电力结构及其电力成本不同，对经济增长、就业等的影响也会有所不同。因此，需要对不同的电力结构及其对应的电力成本进行分析，从经济社会的角度考虑是否可以接受该电力结构。政府可以将节能和排放约束下可以接受的电力结构作为电力规划的基础，考虑使用什么样的政策支持电力结构的实现。可以预见，随着二氧化碳排放约束收紧（排放量下降），对应的电力结构会发生相应变化，GDP、就业等宏观经济变量都会出现不同程度的下降，单位 GDP 能耗、二氧化硫和固体废弃物排放也随之出现不同程度的下降。在开始时，碳排放约束的收紧对 GDP 和就业的冲击可能不大，但随着排放约束进一步收紧，对 GDP 和就业等宏观变量的影响将逐渐加大，在排放约束达到某一临界点时，相对应的经济成本就可能是社会发展和稳定所无法接受的。因此，电力宏观平衡模型的第二个优化过程基本上是一个经济增长、社会稳定和可持续发展的平衡，也是长期与短期的平衡。

电力宏观平衡还要求电力规划必须站到整体能源的高度，改变以往电力单独进行平衡规划的做法。各类能源之间有替代性，随着能源日益稀缺和能源价格走高，各能源之间的替代性会越来越强。在能源价格比较低的时候，能源之间也存在替代，但是替代成本比较大，替代动力相对不强，如果替代需要的投资大，替代就可能是不经济的。但随着能源价格上涨，替代动力和替代条件日益充分，能源价格越高，替代投资就相对越小，替代可能性就越大。一旦能源价格走到一定高度，很多能源替代都将成为可能。

日益增强的替代性使各种能源产品的价格之间具有联动性。比如，尽管可能会有一段滞后期，石油价格上行会带动煤炭价格上涨。这种价格联动关系既与能源替代相关，也受心理和其他因素的影响。能源替代性和价格联动性使各种能源之间具有约束的相关性，各种能源的生产和消费也因此互相约束。所以，电力宏观平衡模式由于考虑宏观节能减排目标，从而能够站在能源整体的高度，更符合现阶段发展实际。

3.1.2 电力结构及电力先行

中国电力企业联合会（简称"中电联"）发布的《2011年全国电力供需情况及2012年分析预测》指出，2012年全国电力供需仍然总体偏紧，区域性、时段性、季节性缺电仍然较为突出，最大电力缺口将会达到3000万~4000万千瓦。中电联关于电力供需的预测结果引发了公众对缺电和电力投资的关注。

1. 火电仍将是我国最为可靠的电源①

近年来，日益激化的煤电价格矛盾对我国电力供应造成了至少两方面的影响：一是削弱了火电企业的发电积极性，导致短期电力短缺；二是挫伤了火电投资的积极性，导致未来电力存在供应短缺的危险。我国火电投资已经连续6年同比减少，2011年火电投资占电源投资的比重下降至28.4%。2005年以来，我国电源年投资总额均保持在3000亿元以上，但火电投资份额逐年下降，2011年火电投资总额为2005年的46.4%，仅1054亿元，同比减少372亿元，降幅高达26%。

造成火电投资逐年大幅度下降的可能原因很多，多与我国推行低碳发展相关，但主要原因还是火电企业的长期亏损及政府定价导致的经营盈利不确定性。以2011年为例，五大发电集团的电力业务除华能电力有微小盈利外，其他均为亏损，与此相关，发电企业负债率居高不下，2011年发电企业负债率高达85.71%。或许是因为亏损太甚、资产负债率过高，电力企业既缺乏投资积极性，也无力新增投资。

火电投资大幅度下降这一现象符合我国能源结构调整和低碳发展的愿望，似乎是值得欢迎的。但是，我们用什么来弥补火电下降，保障充足的电力供应？近年来发展迅猛的风电和太阳能发电目前只占我国电量结构不到2%的比例，且因为自身的问题，这两个行业目前的增长速度也在放缓，比较极端地说，即便把风电和太阳能全部关闭了，也应该不会对国家的经济活动产生太大影响。而水电受到潜能限制，核电发展受到日本福岛核事故影响。因此，指望用清洁能源替代煤炭发电，至少在相当一段时间内是不切合实际的。在低碳发展大背景下，我们希望火电减少成为趋势，然而，如果清洁能源的发展无法满

---

① 本部分内容为作者于2012年8月27日发表于《中国证券报》上的文章，原题为《火电占比不宜下降过快》。

足快速增长的电力需求增量，煤炭就仍将是保障充足电力供应的主要燃料来源。所以，无论我们如何不喜欢火电，如何希望火电比例下降，但现实是：由于我国仍处于城市化工业化阶段，能源需求增长速度快、增量大，因此，火电还是最为可靠的电源。为保障电力供应，火电比例不能下降太快。

2. 电力先行①

由于电力是资本密集型产业，加之我国85%以上的电力是用于生产，因此电力的过剩与短缺都会给经济带来巨大的成本，且短缺的成本要远大于过剩的成本。同一百分比的电力短缺损失大大高于解决短缺所需的投资，而且这里的电力短缺的成本还不包括对社会稳定性和投资环境的不良影响，如果将其也纳入到电力短缺的损失中的话，短缺的成本更大。因此，为保证我国快速、稳定的经济增长，我们需要确立"电力先行"的电力投资发展战略。

"电力先行"是在假设输配电（包括联网）有效的前提下，保持一定的过剩发电能力以满足电力需求的意外增长。需要指出的一点是，利用"电力先行"来保障电力供应仍然无法解决由于电力产业链矛盾导致的"软短缺"（即装机充足而发电积极性不足的短缺）。

由于电的敏感性，我国电力投资主要由政府控制（手段包括规划与审批）。因此，政府必须准确把握电力需求，以"电力先行"来保障电力供应。我国目前处于城市化、工业化发展阶段，国际经验表明，这一发展阶段的电力需求具有快速增长和刚性需求的特征。在需求快速变化的高增长的经济中，尽管长期的 GDP 和电力消费有着比较固定的比例（我国改革开放30多年来，GDP 年均增长 10%，电力消费的年均增长率也为 10%，两者基本上是 1:1 的关系），但是电力需求的短期波动比较难预测（尽管我国改革开放以来 GDP 一直以接近10% 的速度增长，但电力需求的增长可能如 1998 年低至 2.8%，也可能如 2003年高至 15.4%），因此政府应该采取一些措施以保障电力的供应。这就要求设立预警系统。

我国电力消费的增长受少数用电大户的影响很大（我国少数高耗电行业消费超过60%的电力），这为电力短缺的早期预警提供了良好的信息渠道，也为设立早期预警系统提供了可能。产业结构、部门投资及用电大户的价格变动等信息都可以有效地在电力短缺到来之前为我们提供预警。如果系统能够提前1~2年提供预警，那么政府就可以有充分的时间来解决短缺问题或尽可能减少短缺所带来的影响。

---

① 本部分内容为作者于 2012 年 2 月 22 日发表于《中国证券报》上的文章，原题为《电力投资需要超前》。

同时，能源资源丰富的西北部省份需要道路、管线及输电等设施的支持，以使资源运往东部的市场。由于电网投资不足及联网障碍，我国的电网建设常常跟不上发电能力增长的步伐。联网输送的不足会引起电力的不均衡，导致有些地区电力过剩而有些地区电力不足（这应该也是我们目前电力供应系统存在的一个现象）。我们需要提高电网建设以加强电力在各省、各地区间的流动性，从而优化现有的发电能力。因此，如果电网建设没有引起足够的注意，相对于包括清洁能源在内的大量新增的发电能力，电网就可能成为影响电力均衡的"瓶颈"。

3.1.3　电价需透明[①]

中电联在其发布的《电力工业"十二五"规划滚动研究报告》中认为，中国电价水平偏低，2015年合理的平均销售电价应该是0.73元千瓦时，较2010年平均电价上涨27.6%，年均增长5%。然而，消费者不一定同意这种算法。而且如果没有科学地界定计算的主要假定，这种算法也不一定有意义。比如说，如果"十二五"期间煤炭价格上涨50%，那么，电价应该涨多少？事实上，在政府定价的前提下，如果成本不透明，任何涨价都很难说服消费者。

比较现实的是，如果煤与电的价格矛盾进一步激化（电厂的大幅度亏损），会导致短期电力短缺、中长期电力供应紧张。因为煤炭在我国一次能源消费结构中占到了70%，煤炭发电提供了80%的电量，煤炭在相当长一段时间里都是确保我国能源供应和电力供应最重要的能源资源。

国家发展和改革委员会2011年年底的"组合拳"对解决短期电力短缺应该是有效的，但同时也留下了几个问题。首先，煤炭限价是临时的，但是，限价何时可以放开，放开的时候煤价与电价的走势会怎么样？从市场的角度说，限价需要尽量短期，这个能不能做得到？其次，煤炭价格是否限制的住？煤企是否会配合？经验说明限价的效果常常是有问题的。再次，800元的限价与涨价后的电煤合同差价大致还有250元，差得依旧比较大，如何保证在这个差价下电煤合同的履行依然是个问题，毕竟，以往电煤合同履行的记录不大好。最后，也是最重要的，即使"组合拳"短期有效，但它不是长效机制。

因此，尽管国家发展和改革委员会的做法可以理解，但是政策的短期化会增加长期的可持续成本。解决煤电矛盾的长效的中长期方案应当是电价改革。

经济转型中的能源思考

---

①　本部分内容为作者发表于2012年3月15日《京华时报》上的文章，原题为《电价不透明，怎么涨都难说服消费者》。

现阶段电价改革的重点是煤电联动，逐步实现电价的信号传导机制，同时支持市场化改革方向。政府对电煤的价格管制导致了较大的市场煤和电煤的价差，政府需要想办法缩小价差，从而保障电煤合同的履行。此外，其他的一些电价改革也很重要，同样需要尽快实施，如目前推进的居民阶梯电价改革，还有今后的简化电价结构，推进峰谷电价、分时电价及其他配套改革等。

我国目前能源矛盾的关键是煤与电的价格矛盾，这个主要矛盾已经在影响电力供应、社会和谐、电力行业的可持续性、经济发展的可持续性等，这个现状需要改变。国家发展和改革委员会调高上网电价和限制煤价只是权宜之计，政府需要尽快改革出台长效机制。这个长效机制的几个关键是：透明的定价机制，透明的电力企业成本和公平有效的电力价格补贴。

3.1.4 电力体制改革任重道远[①]

从 2002 年国家正式启动电力体制改革至今，已经过去了十多年了。基于经济发展的阶段性特征，至今我们对电力改革进程的评价、对电力改革的影响及今后通货膨胀的走势等依旧难以准确把握，电力体制改革任重道远。

当初对电力改革的设计有明确的 16 个字："厂网分开、主辅分离、输配分开、竞价上网"，前面的 12 个字是为后面的 4 个字"竞价上网"服务的。反过来说，假如电力体制改革的目标不是"竞价上网"的话，那前面的"厂网分开、主辅分离、输配分开"可能得不到应有的效果。改革至今的好处缺乏实质性评估。比如，由于厂网分开，是电力效率提高了，还是消费者的电力成本下降了，又或者是电企的利润增加了。而主辅分离在现实中也没有很大的意义，因为电力企业都在大规模做辅业。对公众而言，电力体制改革需要有确实的好处。

电力体制改革长期停滞不前的关键是改革大环境和配套改革的问题。在电力紧缺的大环境下，很难真正考虑改革。电力短缺的时候，解决短缺永远最重要的，电荒常常会引起反改革的声音。改革配套主要包括价格机制和准入机制。电力市场最为关键的因素就是价格。我国现在的电价是政府控制的，电价不仅无法有效平衡供需，还常常是导致供需不平衡的原因。准入方面，电力投资目前不是靠市场价格引导，而是政府引导，因为投资者不是根据市场价格信号走，而政府又很难准确预测市场供需。改革如果不具备大环境和有效配套，无论如何设计改革，在现实中都很难推行。

---

① 本部分内容为作者发表于 2012 年 5 月 10 日《时代周报》上的文章，原题为《电力体制改革基本失败》。

现阶段电力体制改革出现了许多新问题，需要重新反思和设计。根据经济发展阶段性特征和规律，思考和设计与经济发展阶段和现有体制相适应的电力改革需要一个具体的电力体制改革规划和一个清晰的路线和时间表。对于下一步电力体制改革，可否采取多种模式在不同的地区进行试点？电价方面能不能有局部的松动？诸如此类。无论怎样，如果整体大改革不容易，那么就不停地做小改革，如进一步完善电价，使电价水平和结构更加合理，从而由电价结构影响电源结构等。

在转型过程中，首先需要保证的是较快的经济增长和社会稳定，进行改革就必须先对改革的影响有一个比较准确的判断。由于经济运行的复杂性，改革的影响实际上很难进行准确判断。即使一些改革的成本和收益可以计算，但是这些改革对中短期内经济发展、社会稳定和长期可持续发展的影响还是难以估量。正是由于无法准确把握影响，为了保证不影响稳定和增长，政府的选择常常是降低改革力度或者干脆选择不动。

总而言之，现有条件对后续的电力体制改革并不乐观。但是，综合考虑，可以预期 2020 年后，电力体制改革会变得相对容易。一方面，那时老百姓的收入上去了，对电价不会那么敏感；另一方面，那时用电量增幅也将大幅下滑，也许还会出现电力过剩的局面。这样，政府可以比较从容地进行电力改革，比较好的改革环境意味着电力体制改革可能真正深入下去。

3.2　煤炭价格"双轨制"改革

我国自 1993 年起进行煤炭价格部分市场化改革，为稳定电价，政府设定了国有大型电厂的电煤价格，从而形成了"计划煤"和"市场煤"并存的价格双轨制，也同时引发了多年来的煤电矛盾，以及由此导致的各种交易乱象和交易成本。

3.2.1　电煤价格"双轨制"迎来改革良机①

目前，我国电煤市场仍采用价格"双轨制"，即在价格调控下分为重点合同煤价格和市场煤价格。重点合同煤是指为锁定一年供应量，年初煤炭企业和电力企业以合同签订的同时铁路部分承认运力的那部分煤炭，每年国内重点合

---

① 本部分内容为作者于 2012 年 8 月 8 日发表在《中国证券报》上的文章，原题为《电煤价格"双轨制"迎来改革良机》。

同煤的量大致在 10 亿吨左右。与之相对应的市场煤是电力企业从市场上采购的电煤，市场煤的价格随行就市。在过去的 10 年中，合同煤的价格一直大幅度低于市场煤。

"双轨制"的制定背景是计划经济。有趣的是，"双轨制"的初始目的是保障煤炭供应、扶持当时还很弱小的煤炭企业。当时，"双轨制"中合同煤的价格比市场煤高，对煤炭供应的稳定和煤炭企业的成长发挥了积极作用。但是随着经济发展和煤炭价格的大幅度上涨，"双轨制"渐渐成为扶持电力、稳定电价的行政措施。"双轨制"导致的大幅差价，既阻碍了煤炭价格的市场化改革，也导致了煤炭市场的种种问题，如兑现率低、兑现质量差和中间环节收费等。近年来，重点合同电煤每吨价格一般比市场煤价格要低 100～200 元，最高时差价达 400 元。合同煤的存在减少了煤炭企业的利润，也导致兑现率越来越低。

对于目前的煤炭市场来说，"双轨制"既不合理也不公平。低价合同煤对煤炭企业来说是一个沉重的包袱，简单地说，每签一笔重点电煤合同，意味着每吨数百元的利润损失。不公平之处还在于这一损失并不是由所有煤炭企业平均分摊。而对电企而言，合同煤本是保障电企煤炭需求和降低成本的一项优惠措施，但是，由于现实中的兑现率和兑现质量问题（加上中间环节成本），其效果却常常令电企非常失望。

2011 年 11 月 30 日，国家发展和改革委员会发布《关于加强发电用煤价格调控的通知》，该通知规定："2012 年合同煤价涨幅不得超过 5%，同时主要港口 5500 大卡市场煤平仓价不得超过每吨 800 元。"这一政策推出之后，一方面，国内煤炭下游需求萎缩、上游供应宽松，投资和出口双双呈现疲态，国内经济增长整体放缓，主要高耗能产品增长明显回落；另一方面，2012 年国际煤价整体呈下滑态势，导致进口煤大量涌入国内。在上述两方面因素的共同作用下，2012 年（尤其是 5 月），国内煤炭价格出现大幅下降。7 月 25 日，环渤海发热量 5500 大卡市场动力煤综合平均价格报收每吨仅为 631 元。同时，重点合同煤价格的上升幅度很多都超过了政府规定的5%，市场煤的实际成交价已经与重点合同煤大致接近。疲软的经济和煤炭市场为电煤价格随行就市打开了空间，备受诟病的电煤价格"双轨制"迎来了改革良机。

在煤价、电价都在呼唤市场化改革的今天，双轨制除了限制煤价的市场化，对于电价的市场化也起到一定的阻碍作用。从这一计划经济的残留上，我们看到了现实执行中越来越多的矛盾和成本，也认识到了改革的必要。以往我们担心在煤炭价格较高的时候推行并轨，将会导致电力价格的较高涨幅，从而推高 PPI[1] 和 CPI[2]，给宏观调控带来压力，并提高企业和消费者的生产及生活成本。但是，随着目前煤炭市场疲软、电力供应相对宽松，煤电价格体制改革迎来了历史机遇。相对低位的市场煤价，一则可比较顺利地与重点合同煤实现双轨合并，二则将为煤电联动重启提供一个很好的起点。我国目前所处城市化工业化进程中的刚性能源需求压力和以煤为主的能源消费结构，决定了中长期煤炭需求仍将大幅度增长，如果不抓紧眼前这个机会，一旦经济好转，"双轨制"问题恐怕依然难以解决。

3.2.2　电煤并轨和煤电联动[3]

随着国内煤炭价格的走低，电力市场相对宽松，电煤价格双轨制迎来改革时机。从改革路径上看，作为计划经济的遗留物，煤炭价格并轨理论上没有问题。有消息称，国家发展和改革委员会就煤炭价格并轨的方案展开了多方讨论，并且有了方案。有媒体报道也称，国家发展和改革委员会已将煤炭价格并轨方案上报国务院，上报方案并不包含启动煤电联动的内容，仅计划将黑龙江、重庆等地运营比较困难的供热电厂的上网电价适度调整，然而据说在征求五大发电集团意见时，遭到集体反对。

针对近年来煤电矛盾暴露出来的机制体制问题，"双轨制"这一历史问题的终结对理顺煤电关系具有重要意义。1993 年进行煤炭价格部分市场化改革形成的"计划煤"和"市场煤"并存的价格"双轨制"，除了限制煤价的市场化，对于电价的市场化改革也有一定的阻碍作用。这一改革可以为理顺煤电关系、建立煤电产业链的中长期机制扫清障碍。并且，从时机上看，如果不抓紧眼前这个机会，一旦经济好转，"双轨制"问题恐怕将更难以解决。

但值得思考的是，煤炭价格并轨的目的何在？单纯的煤炭价格并轨能否破解当前煤电关系中存在的矛盾？从这一角度来看，"并轨"应当放在建立中长期机制、理顺煤电产业链的政策整体设计中加以考虑。因此，设计煤炭价格并轨方案时就需要明确，它应当是为建立煤电联动、解决煤电矛盾的中长期机制服务的，也就是说，它应当有整体的设计思路，并且在"并轨"时就应当

明确。

应该看到，即使当前市场煤和重点合同煤差价接近，煤炭价格并轨成本迎来改革良机，也不意味着这一改革是没有成本的。作一个简单的估算：以7.75亿吨电煤铁路运力量计算，每吨60元的差价意味着每千瓦时1分的电价压力。如果没有煤电联动作为整体配套机制，"并轨"意味着电力企业的主业经营在未来将面临更大的风险。

尽管如此，电力企业也不应该简单反对煤炭价格并轨方案，合同煤过去无法有效减缓电力的煤价风险，将来也不可能保障电力不受煤价冲击。发电企业需要将诉求集中在建立煤电联动机制上。而终结电煤价格双轨制有倒逼煤电联动的功效，将为建立煤电联动机制走出实质性的一步。

煤电联动机制有以下作用：

第一，煤电联动可以以市场化方式理顺发电产业链。发电产业链包括煤炭、发电和电网三个环节，链条中的每个环节都需要被关注到、需要被理顺。有的赚钱、有的不赚钱的结果就可能是电力短缺。一个电力产业链，在某个环节实行计划价格的同时，在某个环节实行市场价格，理论上是行不通的，现实中是不可持续的。经验告诉我们，这三个环节必须兼顾，必须有一个价格机制把产业链串联起来，才能保障稳定充足的电力供应和电力行业可持续发展。

第二，煤电联动有利于消费者参与电价改革。我国仍处于经济转型时期，为了提高能源效率，也为了今后能有较低的能源价格，电价改革和提价是必需的。但是，由于电力企业基本上是国有企业，具有垄断的性质，电价是缺乏价格机制的政府定价，因此对于公众来说，电力成本和调价是一笔算不清的糊涂账。目前政府的每次改革提价都演变为供需的"博弈"、各方力量的对比，引发公众的质疑，令社会和谐受到很大的影响。一个透明合理的电价机制，可以让老百姓更好地理解合理的价格和补贴。

第三，煤电联动可以鼓励民间资本参与电力投资。在目前国有企业一家独大和价格由政府控制的情况下，投资放开还不足以吸引外资和民间资本进入。电力发电侧已经对外资和民资开放了20多年，我们不但没有看见外资和民间资本的大量进入，反而看到它们变现退出，这就是一个例子。目前能源行业国有企业一家独大，要提高行业效率，除了加大资金投入外，还必须要有民营企业和外资的参与，它们的进入会为能源行业设定一个经营底线和必要的财务纪律性。

第四，煤电联动有利于政府以市场化的方式管理电价。由于电力的特性，政府不会也不可能远离能源，政府应该尽量选择市场的办法接近市场。煤电联动机制可以让煤价与上网电价联动，政府可以透过同时设计补贴和税收来管理终端电价。具体地说，煤电联动后政府对电价的管理有两个重要方面：一是对电力企业进行严格的成本监管；二是如果政府认为有必要维持相对稳定的电价水平，可以对终端电价进行补贴。用对煤炭的税收来抑制煤价的上涨动力和建立电力基金（可用于补贴），这些都是相对市场化的做法。

第五，煤电联动有利于电价市场化改革。煤电联动是市场化机制，具有以下作用：可以从开始时由政府按照机制决定联动，逐渐过渡为由电力企业自主联动；可以从政府设定联动范围的企业自主联动，逐渐过渡到由电力企业根据市场供需自主调价、由政府进行价格监管的联动。煤电联动基本上就是一个价格市场化过程，发达国家在很多能源价格调整机制上也是这么做的，如燃料调整机制。能源改革的关键是建立一个合理透明的定价机制，定价离不开加强能源企业的财政廉洁和能源效率。

因此，煤电联动是改革的关键，其短期内的意义在于可以缓解电企的财务负担和解决煤电之间的矛盾，中长期的作用则是可以为发电投资和民营企业进入提供一个稳定的商业环境，提供可以预期的财务收益，是行业可持续和充足电力供应的重要保障。

3.3　煤电一体化

3.3.1　中国的煤电一体化[①]

从 2011 年 10 月国家发展和改革委员会出台《关于加快推进煤矿企业兼并重组的若干意见》，以及国家能源局在迎峰度夏总结大会上申明"煤电联营"将被作为长期政策坚持下去；到 2012 年 8 月下发《煤炭工业发展"十二五"规划 2012 年度实施方案》，提出鼓励各类所有制煤矿企业及电力、冶金、化工等行业企业参与兼并重组，政府对煤电一体化的态度和决心可见一斑。

在国家政策的引导支持之下，各地纷纷掀起了煤电行业相关企业兼并重组的热潮。据统计，自 2011 年大同煤业重组漳泽电力之后，山西、陕西、内蒙古、新疆、贵州、湖南等 10 多个省份纷纷实施相应的煤电一体化项目，涉及的煤电企业有 20 多家，煤电一体化正由点及面在多个省份拉开序幕。煤企与电企互相兼并重组、参股、控股之后煤电企业的经营效果如何，又会面临什么

---

① 本部分内容为作者发表于 2012 年 10 月 15 日《经济参考报》上的文章，原题为《煤电一体化真的是一个有效的长期政策？》。

样的问题？这些显然有待时间的检验。而从煤电一体化项目开展的进程来看，我国煤炭一体化呈现出以下特点。

首先是"煤吃电"的势头强劲。这也符合预期，因为我国的煤炭企业普遍赚钱，而电力企业普遍亏损。目前，煤电一体化进程主要表现为煤炭企业兼并、重组或控股电力企业。山西可谓是本轮煤电一体化热潮的"发源地"。如果说 2011 年 10 月大同煤业斥资 6.23 亿元收购漳泽电力 31.99% 股权时，煤电联营才初露头角的话，那从 2012 年年初山西煤炭运销集团与山西国际电力战略重组，再到 2012 年 7 月山西省下发《山西省促进煤炭电力企业协调发展实施方案》鼓励煤电联营，同年 7 月 25 日西山煤电股份有限公司发布公告称将受让中国华电集团所属山西和信电力发展有限公司转让的山西兴能 21.853% 股权和武乡和信发电 100% 股权，可以说，山西的煤电联动已正式全面启动，并且马力十足。

如果说山西煤电一体化是地区性"煤吃电"的代表，那么神华集团频频收购电厂则是行业内"煤吃电"的典范。神华集团 2011 年后加快了收购电厂的步伐，其扩张速度非常惊人。2011 年 6 月底其发电机组装机容量为 2986 万千瓦，2012 年 6 月在以 550 亿元价格整体收购国网能源公司之后，增加了 1420 万千瓦的装机容量，这样神华集团总装机容量将达到 5920 万千瓦（其中，200 万千瓦为风电装机容量），其火电装机容量达到 5720 万千瓦，电力装机容量一年之内增长了 98.26%，一举超过中国电力投资集团公司跻身中国第五大发电集团。

其次，电企涉煤无论是从力度上还是从速度上都要逊于"煤吃电"。电力企业涉煤主要通过参股煤炭企业，或者与煤炭企业共同出资新建煤电一体化项目实现。在煤价走高而电价不能相应调整的预期支配下，五大发电集团开始谋求出路，加快了"进军"煤炭行业的步伐。举例来说，2011 年 8 月，华能与新疆政府签订大单，规划用十年实现"1166"目标，即投资 1000 亿元，发电装机 1000 万千瓦，煤制气产能 60 亿标准立方米/年，煤炭产能 6000 万吨/年；同年 9 月，华电集团所属上市公司华电国际斥资 7.15 亿元取得了内蒙古鄂尔多斯市燕家塔露天煤矿 85% 的股权；同年 11 月，大唐集团在湖南攸县的煤电一体化正式开工，计划建设 2 台 60 万千瓦超临界燃煤发电机组，且同步投资开发年产 200 万吨的煤矿；同年 12 月，国电在湖南的煤电一体化项目宝庆电厂 1 号机组正式投入运营，同时开发年产 240 万吨煤的煤矿。

五大发电集团 2011 年控股煤矿生产原煤合计约 2.6 亿吨，但煤炭自给率仅有 25% 左右。进入 2012 年，电力企业进入煤炭行业的速度放慢，进入的形式也略有转变，主要以与煤炭企业合营、联营的方式涉足煤炭。2012 年 5 月，陕西彬长矿业集团公司和国家电网能源开发公司在西安签约，计划在彬县新民源煤化工规划区内建设大型煤电一体化项目；7月，山西临县人民政府、中国电力国际有限公司与山西新民能源投资集团有限公司开始联合开发煤电一体化项目；9月，华电与中国平煤神马集团合作开发华电漯河发电有限公司二期项目。

最后，煤电一体化项目主要集中在煤炭丰富的地区，表现形式主要为煤电联营企业收购电厂或新建发电机组。国际上比较理想的煤电一体化常常是坑口建电厂，然后把电卖给电网。按照目前煤电一体化项目进展来看，我们似乎也是按照这样的方法进行的。

3.3.2 煤电一体化进程将给我们带来什么[①]

近几年"市场煤"和"计划电"的矛盾日益激化，发电企业大幅度亏损，而2011年大同煤业接手漳泽电力则是展示煤企实力的开始。电力是支撑其他行业发展和满足公众基本生活需要的基础行业，为了保证电力供给和解决电力行业亏损，政府积极推进煤电一体化进程，政府一再重申"煤电联营"将被作为长期政策坚持下去，为鼓励煤电联营发展，在项目审核批准方面会有特殊待遇，可见政府的煤电一体化的态度和决心。然而，煤电一体化进程将给我们带来什么？煤企和电企将面临什么样的困难？

1. 煤电一体化中的煤企

目前，在煤电一体化进程中，煤企处于比较强势的地位。首先，从产业链上下游的关系来说，煤企是资源上游行业，而资源市场常常是卖方市场，煤炭的不可再生性导致的稀缺，使其具有相对的市场优势。其次，煤炭的可储性和电力的瞬间平衡，使得煤企拥有博弈的时间优势。最后，目前，煤企利润丰厚而电企亏损严重，更是使得煤企在一体化过程中具有兼并电企的资金实力。因此，在政府鼓励的一体化进程中，煤企的选择空间很大，不仅可以新建火电厂、购买电厂，还可以对电厂进行参股、持股控制。如果煤炭价格持续上涨，煤企将有更强大的实力对电企进行兼并。

但是，在煤电一体化中，煤企也有以下三个方面的困扰。

其一，煤企存在这样的担忧：在当前的情形下，煤炭价格不断上涨，煤炭

---

① 本部分内容来自于作者于2012年1月10日发表在《中国电力企业管理》上的文章，原题为《煤电一体化真的可以解决煤电矛盾？》。

不愁销路，煤企盈利状况好，一体化后企业是否会发生由于电力部门亏损而导致企业整体盈利水平下降？煤电一体化对煤炭企业而言，除了做大规模，或者能买到便宜电厂外，其他的吸引力应该不是很大。因此，相对电企而言，煤企对煤电一体化的动力比较小。

其二，国际上比较理想的煤电一体化做法常常是通过坑口建电厂把电卖给电网。但是，就我国目前的情况来看，这样做存在一定困难。出于火电厂布局的考虑，国家发展和改革委员会对上规模的火电项目有着严格的审批程序，想通过审批并不容易，而且即使审批通过，在电厂的并网发电方面仍可能受到各种阻碍，电厂难以顺利发电。这样，煤企的注意力就放在并购现有的电厂，而不一定是建坑口电厂。

其三，我国地理资源分布不平衡，主要的产煤地区普遍缺水，如山西、陕西等地，因此在这些煤炭富庶、水资源紧缺的地区建设坑口电厂，会面临比较复杂的水资源和环境方面的问题，也可能加大煤炭企业建火电厂的难度。

2. 煤电一体化中的电企

目前，电企显然具有充分的一体化意愿和动力。煤炭价格上涨和电价受控的现实，使得电企亏损严重，并急于获得稳定的低价高质煤，以保持电煤供应的及时和充足。事实上，从 2004 年开始，电企就开始比较积极地进入煤炭行业，五大电力集团通过入股、控股或并购煤矿为自身寻找煤炭来源。有消息说，华能集团 2010 年煤炭产量超过 6000 万吨；华电集团通过控参股 2013 年煤炭产能可能超过 1 亿吨；中电投集团 2010 年的煤炭产量达到 7000 万吨；大唐集团 2007 年就开始启动地质储量约 211 亿吨的 12 个煤炭项目的前期工作。除此之外，电企还积极进入煤化工、煤冶金等行业，全面进入煤炭产业链。但是，电企的一体化进程比较困难，而且将随着煤炭价格上涨越来越困难。

煤企的优势基本上是电企的弱势，原因如下。

第一，煤炭企业赚钱，所以强势，电厂亏钱，所以弱势。让一个弱势企业去兼并一个强势企业，难度可想而知。不论是用控股还是用参股中的任何一条途径收购煤炭企业都需要大量的资金支持，但是近些年电企亏损日益严重，收购煤企所需要的大量资金无疑将对财务状况本就紧张的电企的造成很大压力。短期内，财务成本的加大，自身盈利能力的恶化，收购煤企对电企来说，无疑需要付出很大的代价。

第二，在煤炭需求强劲，煤价不断上涨的情况下，煤炭市场前景看好，地方政府并不情愿出售煤矿，可能会对电企设置各种障碍性的准入条款。例如，煤炭资源整合中，电力通常没有资格参与资源整合，使得电力进入煤炭的计划难以实现。又如，许多产煤地区设置了各种门槛、条款，阻碍电企进入煤炭行业。

第三，尽管电企加大了开发煤炭资源的力度，但国内优质的煤炭资源已基本被瓜分完毕，今后电企能比较容易进入的可能是褐煤、贫煤这种发热量低的煤炭资源，开发国外煤炭资源更加困难。另外，国土资源部对煤炭探矿权申请设限，电企获得煤炭资源开采的难度很大。

3. 煤电关系及煤电一体化的国际经验[①]

目前，国际上处理煤电关系的模式有现货交易、合同交易及煤电一体化。这三种方案各有特点，使用范围也不尽相同，具体采用何种模式需要结合一国的实际情况进行具体分析。一般来说，现货交易（包括短期合同）适用于存在较多煤炭供应商、煤炭供应弹性较大的情况，而煤电纵向一体化则更加适用于坑口电厂，但这两者对于煤炭的供应都有特定的要求，因而介于两者之间的合同交易（中长期）成为更为灵活而受欢迎的普遍交易模式。

我国当前的煤电关系同美国 20 世纪 80 年代的情况较为类似。自 70 年代开始，美国也出现了类似"煤电之争"的格局，煤电一体化曾在这一进程中起到过较为重要的作用。美国煤与电的纵向一体化过程主要发生在石油危机后，以电力兼并煤炭为主要特征。整个 80 年代，美国电力企业附属煤炭厂商在数量和份额上基本保持稳定，1991 年美国的电力附属煤炭企业有 10 家，其煤炭产量所占份额大致为 15%。除了为自身电厂提供煤炭外，电力的煤炭子公司同时为其他电厂（非一体化）提供了占美国煤炭消费 3% 的煤炭。

在美国，煤电一体化的程度远低于焦炭行业，后者的一体化程度曾达到了 65%。在拥有煤炭的电力企业中，约有一半是完全一体化，即由煤炭子公司提供电厂所需要的全部煤炭（同时也向其他电厂提供煤炭）。另外一半的情况是煤炭子公司只提供电厂煤炭需求的一小部分。当时煤炭消费量最大的 20 家美国电厂中有 10 家没有涉及一体化，到了后期，部分一体化的企业还试图将煤炭子公司分离出去。

在剩下的采用现货交易和合同交易的电厂中，合同交易占到了 70% 以上，而且随着时间的推移这一比重还呈现出上升的趋势。如果进一步对在 1979 年占总煤炭交易量 30% 的 200 个煤炭合同按合同年限进行分类，我们发现超过 80% 的合同的期限是大于 5 年的，超过 70% 的合同是大于 10 年的。煤炭交易合同持续的时间主要集中在 11 ～ 20 年，占到了所有合同的 30%，而且合同年

经济转型中的能源思考

44

---

① 本部分内容为作者 2012 年 5 月 10 日发表于《中国电力企业管理》上的文章，原题为《我国需谨推煤电一体化》。

限越长，其相应的合同每年交易量就越多。90 年代以来，美国煤电一体化的大趋势是电力退出煤炭。目前，其煤电交易以长期合同为主，现货市场（及短期合同）只占电煤交易很小的比例，而比例很小的煤电纵向一体化也多存在于坑口电厂。经验说明，美国采用的长期合同有利于供应的稳定，也有利于价格的稳定，从而保障美国电力供应的稳定。

与美国相似的是，加拿大和日本等国家煤电关系的基本模式也是以长期合同为主，这些国家的电企也面临煤价上涨带来的压力。但不同的是，近年来，随着国际煤炭价格大幅度上涨，这些国家并没用选择煤电一体化来减缓矛盾，而主要是通过燃料调整条款（煤电联动）来将发电燃料成本传递给终端消费者。国际煤电一体化的经验说明，煤电关系模式应当因地因时进行选择。对于中国而言，资源分布和能源状况决定了美国的煤电关系模式更具参考价值。

根据国际经验，我们需要对我国的煤电一体化提出以下几个思考。

第一，美国煤电一体化从石油危机而起，基本上是为应对电力成本上升，是一个电力成本最小化的过程。虽然说目前我国煤电一体化基本上也是应对电力成本上涨，但不同的是，我国存在很深的"市场煤"与"计划电"矛盾。在此背景下，政府试图通过一体化让煤电联营企业从内部消化煤炭上涨的成本以保障电力供应的这个愿望在现实中很可能落空。道理很简单，假设煤价持续上涨，煤电联营企业可以选择卖煤炭而不发电，政府又不能强制"企业不能销售自己的煤炭"，在这种"发电不赚钱，卖煤赚钱"的情景下，鼓励煤电一体化来解决保障电力供应的初衷，难道不会受到挑战？

第二，煤电一体化在美国曾经起到过较为重要的作用，但是，美国的经验说明，煤电一体化对于电厂的要求较高，且仅对于坑口电厂具有较好的适用性。20 世纪 90 年代初，美国坑口电厂装机超过两千九百万千瓦，占燃煤发电容量的 10%，其中仅有 1/3 的坑口电厂采用煤电一体化运营，其余 2/3 的坑口电厂则采用 20~50 年期的合同。而在我国政府鼓励一体化的进程中，可能不会只针对坑口电厂，煤企或为了做大，或为了捡到亏损的便宜电厂，不仅可以新建火电厂，购买电厂，还可以对其他省份的电厂进行参股、持股控制等。因此，目前情况下的煤电一体化进程，是否可能偏离有效率、有优势的坑口为主导的煤电一体化？

第三，即使在 20 世纪 80 年代，美国煤电一体化的比例就很小，现在的比例更小。国际上，电力市场改革使煤炭的集中度提高，煤矿的运作更加有效率，其他形式的公司，如电力行业、钢铁行业、石油企业的附属煤炭企业因为竞争不利，几乎都离开了煤炭行业。从市场化改革的角度说，煤电一体化不一定是最优的煤电关系模式。政府目前积极推进煤电一体化进程，多次重申煤电联营将被作为长期政策坚持下去，在项目审核批准方面会有特殊待遇。这样，会不会出现由于价格扭曲和行政的推动，把一体化偏离市场主线人为做大了，增加今后的市场化改革的难度和增大可持续发展成本？

第四，美国煤与电的纵向一体化主要是以电力兼并煤炭为特征。例如，2007年产量10万吨以上的150多个美国煤炭企业中，仅有4个煤企拥有电力子公司，比例约为3%。我们现在煤电一体化的情况恰恰相反，因为各种原因，我国煤电一体化的结果更可能是煤企兼并电企。当然不是说煤炭企业兼并电力企业不好，但关键是兼并之后的效果能否达到优化资源配置、提高经济社会效益的目的？通俗地讲，就是煤电兼并能否达到一加一大于二？煤炭进入电力或电力进入煤炭，显然都会影响行业本身的效率，那么煤电一体化后的企业是否会发生由于电力部门亏损而导致企业整体盈利水平下降？是否会影响市场的平衡和效率？

第五，推动一体化，政府显然需要考虑会不会对社会效率产生负面影响。煤炭进入电力或电力进入煤炭，显然都会影响行业本身的效率。电力企业缺乏煤炭勘探、开采和经营管理方面的经验。煤炭的勘探、开发是专业技术性的工作，如果电企缺乏相关方面的煤炭人才和管理经验，可能会造成电企在对煤企实施并购的过程中，对煤炭资源价值评估出现偏差、对煤矿项目的监管不够有效等情况。同样的，煤企也缺乏电力方面的相关人才和管理经验。电力是资金、技术密集行业，煤企进入电力是从低端进入高端产业，缺少技术管理优势。所以，对双方来说，一体化都存在专业、技术和管理方面的问题。

第六，由于电价的扭曲，煤电一体化很难是一个市场化过程，无论如何政府都无法置身之外，而行政干预下煤电一体化又可能进一步加大市场扭曲、加大可持续成本。政府鼓励煤电一体化，应该尽量避免使一体化成为不想涨电价的权宜之计，需要尽快理顺煤电价格矛盾，使煤电一体化成为有效率、可持续的市场行为。如果不解决煤电价格矛盾，一体化很可能只是为了回避矛盾，不仅不能解决矛盾，还可能走进另一个矛盾。

第七，企业自主的、市场化的煤电一体化选择，肯定是以效率和盈利为准则，理论上应该无可厚非。但是，如果政府仅将煤电一体化作为回避电价改革的一种政策手段，在电价调整不到位的情况下，用以维持电厂发电的积极性，那情况就很不相同。首先，目前我国的"市场煤"和"计划电"本身将给煤电一体化带来非市场的扭曲。其次，如果再采用行政手段促成煤电一体化，将有悖于市场的专业化效率分工，进一步加重扭曲。经济学理论说明，市场扭曲带来的短期好处，将无法弥补长期损失，因而是否需要谨慎避免使用行政手段推动煤电一体化？

总之，政府鼓励煤电一体化，应该尽量避免使一体化成为不想涨电价的权宜之计。需要尽快理顺煤电价格矛盾，使煤电一体化成为有效率、可持续的市场行为。

3.3.3 煤电联营：勿走入新矛盾之中①

随着"市场煤"和"计划电"矛盾日益激化，在长效价格机制缺位的背景下，煤电一体化经营成为各方多次主推的缓解煤电矛盾的措施。无论煤炭价格是涨还是跌，煤电一体化经营都被当作了"万金油"般的应对措施来使用，只不过在不同时期诉求的主体发生了改变而已。

从美国电力市场的上下游纵向关系经验来看：美国煤电一体化的比例即使在 20 世纪 80 年代出现类似现在"煤电之争"的时候，就已经很小了，之后逐渐分拆，比例就更小；而且煤向电发展的比例就更小了，因此美国的煤电一体化主要是以电力兼并煤炭为特征。究其原因，至少包含以下三点。首先，在美国煤炭价格与电力价格有效联动的情况下，煤炭成本的变动均能及时反映为电价变动，因而煤炭企业价格成本的优势并不十分突出。其次，在美国的整个煤炭电力产业链中，相比煤炭生产企业，电力生产企业涉及相对较高的前期生产投入，具有较高的进入门槛，如果没有明确的联营优势，煤企不会轻易进入电力。最后，20 世纪 80 年代时，美国超过 80% 的煤炭用于发电，电力企业在煤炭市场处于买方垄断地位，在竞争中处于相对强势的地位。

可以说，由于缺乏一个比较完善的煤电上下游运行机制，我国煤电一体化过程存在先天不足和动机不纯的缺点。经历近年煤炭价格大幅度上升，在煤企不差钱的情况下，如果加上地方政府和有关方面的强力推动，煤电联营的确可能在短期内有效推进。然而，这样的煤电一体化从本质上说是对"市场煤"和"计划电"矛盾的无奈应对，因此靠煤电一体化来解决眼下的煤电矛盾，不是长效机制，实质上是回避矛盾的一种做法。政府这种权宜之举，最终可能不仅不能解决矛盾，反而会走入另一个新矛盾之中。

事实上，当前煤炭价格下行与整体宏观通胀压力减小带来的政策时机并不是针对煤电一体化。从中长期来看，破解煤电矛盾需要以理顺价格机制为核心。首先是解决煤炭价格"双轨制"的历史遗留问题，然后建立上下游的煤电联动机制，再进一步通过资源税与煤炭特别收益金将外部成本内部化，约束企业行为。当前"市场煤"与"合同煤"并轨的时机已经显现，疲软的煤价

---

① 本部分内容为作者于 2012 年 8 月 7 日发表于《东方早报》上的文章，原题为《别把煤电联营当万金油》。

对电力企业的经营影响大大降低。

从目前的煤价及2011年电价上调后煤电联动的历史欠账来看，"市场煤"与"合同煤"并轨，对于社会来说，应该是可以承受。而在当前的宏观环境下，煤电联动机制长效化也迎来了比较好的时机。需要注意的是，煤电联动机制不一定意味着涨价的必然性，在机制设计上，政府可以通过资源税、特别收益金和财政补贴的方式应对可能的风险。相反，如果没有一个有效的价格机制，价格、企业运行和投资都将充满不确定性。

一般来说，电价的两个基本的目标是：①传递价格信号以帮助消费者和投资者对其消费和投资作出正确的决策；②保障管制的电力企业能够收回合理的成本，确保其有能力提供电力服务。在社会化分工的背景下，企业的利润来源应该是技术的领先与高效的管理，试想一下，如果中国存在完善的价格联动机制，在煤价跌，电价也跌的时候，或许煤电一体化的动机就不强了。

当然，破解煤电矛盾的长效机制需要整体的设计，地方政府只能从当前情况出发作出应对。但是，由于目前煤企的强势地位，形成若干区域性煤电一体化企业，对电力市场格局本身会产生重要影响，后续对能源格局、能源体制、能源改革的影响需要谨慎对待。

3.4 阶 梯 电 价

3.4.1 阶梯电价介绍[①]

阶梯式递增电价，实质上就是累进电价，是指把用户平均用电量设置为若干个阶梯，同时制定不同的价格标准，在每一个梯度内，每度电[②]的电价保持不变，超出基础电量越多，超出阶梯级数越多，其电价的标准就越高。其经济学理论支撑是边际成本和拉姆齐定价法。其定价法则一般用于固定成本比较大的公用事业部门的产品定价，除了电力之外，国际上有些国家对供水也设计了阶梯式递增价格。

目前，中国居民用电是按月耗电量采取每度电同一电价的简单计价模式，月缴费额等于月耗电量乘以单位电价。一方面，居民用电的定价原则应该保证居民的最基本需要；另一方面，在能源和环境问题日益突出的今天，还应该注

---

① 本部分内容为作者发表于2012年4月5日《中国科学报》上的文章，原题为《阶梯电价重在设计》。
② 1度电=1千瓦时。

重抑制不合理能源需求、鼓励节约能源和保护环境。然而，现行的居民用电单一电价不能兼顾这两个方面。单一电价结构缺乏效率，缺乏对高峰用电的成本约束，可能造成输电线路的堵塞，扩大电网容量，增加成本。简单地以平均成本作为电价，实质上是用电量少的居民在补贴用电量多的居民，而用电量少的一般是低收入居民，因此也就是低收入者在补贴高收入者。

国外学者曾对12个国家45个城市进行问卷研究，结果表明：人均能源消费与收入等级基本是一致的，电力消费随着收入的增加而增加。国内研究也表明居民生活人均用电和人均收入正相关。事实上，居民收入也可作为衡量居民价格承受能力的标准。因此，发展中国家进行适当的电力补贴是需要的。但是，目前，我国单一居民电价下的电价补贴缺乏针对性。新华都能源经济和低碳发展研究院的研究表明，我国的居民电价补贴，超过70%落了入了中等收入以上的群体，近50%落入了较高收入以上的群体。由于发展中国家中等收入人群收入相对比较低，因此对中等收入群体可以有一定的补贴，但对高收入则不需要，故该研究也表明，目前，我国居民电力补贴是与政府电价补贴的初始目标是相背离的。进一步说，通过国企亏损或财政收入进行补贴，都有悖于财政二次分配向弱势群体倾斜的基本原则。

阶梯电价是国际上一个很普遍的做法，许多国家和地区都对居民生活用电实行递增制，如美国、日本、印度、韩国、马来西亚，以及我国的香港和台湾地区，均对居民用电实行阶梯式电价制度。阶梯电价是一种模式，原则既定，但设计可以多样化。不同的国家，政策目标不同，国民收入水平和居民用电水平也不同，因此对阶梯级数的设计及每档电量的划分也各不相同。总的来说，最低档一般是根据居民的基本用电需求量设定，发达国家对此设定较高，发展中国家设定较低。以用电效率较高的日本为例，日本的第一档是维持最低生活水平的电力需求量，电价约为第二档电价水平的75%；第二档的电价与电力平均成本持平；第三档电价则反映电力边际成本的上涨趋势，用以促进节约。其基本原理与我国国家发展和改革委员会的阶梯电价方案差不多。

事实上，国内部分地区也早就有了阶梯电价。浙江、福建和四川分别从2004年和2006年开始对居民用电实行阶梯电价试点。浙江和福建采用三级阶梯，四川采用四级阶梯。虽然在这三省实行了阶梯递增电价，但由于不同档次之间的电价差距不大，大部分居民对阶梯式的价格不敏感。举例来说，福建阶梯电价的设计，除了不同档次之间的电价差距不大，对第一和第二档的电量设计也过高，居民基本上都不知道阶梯电价的存在，基本达不到实行阶梯电价的预期目的。因此，阶梯式电价的设计对实施效果至关重要。

阶梯电价推广执行中还会有许多争议和技术问题，但这并不会阻碍其发展。需要注意的是，以省界定的分档需要重点关注城乡差异。农村低收入和城镇低收入居民在收入和电力消费上都存在一定的差距，如果不将城镇低收入居民和农村低收入居民划分开，一方面，三级阶梯将可能面临两种情况：一是可能无法在保障农村低收入居民基本用电的前提下，同时保障城镇低收入阶层的基本用电需求，二是可能将基础生活用电设定得过高；另一方面，还可能与边际成本和拉姆齐定价原则相左。因此，执行中体现农村和城镇低收入居民的基本生活用电水平差异，可能更符合我国的实际情况。

3.4.2　推行阶梯电价的障碍和解决问题的关键①

　　目前，政府推出的阶梯电价政策已经进入具体的执行阶段。虽然说现实并没有像有些人说的那样，内行人说不清、外行人看不懂，但是作为牵涉千家万户的居民电价改革，大家还是对此存有一定的困惑和焦虑。其实，阶梯电价很普通（国际上通用），也比较简单。尽管我们无论是从经济学、政治学或是从社会学的角度来思考，阶梯电价政策都不失为居民电价的一个突破口，有利于公平和效率的价格机制，但是依然会听到反对的声音（主要是反对涨价）。

　　对于居民用电，政府一直采取保护政策，实行用工业和商业高电价来补贴居民用电的做法。居民电价按月耗电量采取每度电同一电价，月缴费额等于月耗电量乘以每度电电价的简单计价模式。只是各省份之间每度电的单价有差别，并没有像工业用电一样对用户类别加以区分，实施有差别的电价。

　　我国的居民电价改革比较难，主要原因是电价一路上行，而公众不知道供电成本。当然这还跟电力企业的国有垄断有关。无论在中国还是国外，假定说电力公司挨个给老百姓打电话询问，是选择涨价还是选择停电？一般来说，老百姓的回答肯定是"涨价"，因为缺电的影响更大。而我国电厂是国有的，即使亏损也绝不可能不发电。因此，公众就会有这样的想法：即使电价不涨，我们也不会缺电，那为什么需要涨价？道理在哪里，其背后的成本是怎样，以及提倡阶梯电价有利于公平和效率、促进节能减排（但其大前提是电价必须要涨），推出阶梯电价后涨价的负担会尽量让高收入人群承担等，这些问题政府应当和老百姓讲清楚。而如何解释清楚阶梯电价政策背景，提高民众对政策的理解度，则是推行阶梯电价的关键，将极大地影响推行进程。

　　首先，需要说明居民电价不可能一直维持在一个水平上。为什么居民电价

---

　　① 本部分内容为作者发表于 2012 年 3 月 30 日《东方早报》上的文章，原题为《推行阶梯电价的障碍和解决问题的关键》。

需要调整？一直以来，政府出于收入水平、居民承受力和社会稳定等因素的考虑，居民电价已有几年没有调整。居民电价长期低于发电成本，一直以来都是主要采取交叉补贴的方式，即用高工业和商业电价来补贴比较低的居民电价来维持。我国近70%电力来自煤电，面对煤炭价格持续上涨，供电成本也随之上涨，因此电价的上涨将不可避免。如果电价必须要涨，阶梯电价应该是对老百姓有利的涨价方式，因为在阶梯电价的制度下，可以把上涨的大部分转给高收入群体。以往无差别的平均居民电价使每个居民消费单位电量受到相同的补贴，高收入群体用电多，受到补贴也多。我国5%的高收入居民消费了20%的居民电量。如果补贴来源是国企亏损，或来自直接财政补贴，那其实都来自于国家的财政资源，而财政资源正是来源于公众。因此，可以说目前的平均电价是在用低收入群体补贴高收入群体，是不公平的。提高阶梯电价的涨价针对的是高收入人群，能够体现公平原则。而这正是在居民电价改革进程中，考虑阶梯电价的根本原因。

其次，需要说明的是，阶梯电价设计将使80%的家庭电价保持稳定。第二尤其是第三档的电价大幅度往上调，将使阶梯电价针对高收入人群的特征更加明显。第三档电价通常被认为是奢侈消费，存在过度用电的现象。现实中，低收入人群比较明确其用电量和电费，高收入群体则对电价不敏感，容易导致对电力资源的过度使用和不必要的浪费。对第三档电量征收较高电价可抑制其不必要的消费量，促进电量节约，提高用电效率，有利于增强高收入群体的节能意识。

我国在阶梯电价推行的初始，把第一档的电价水平保持不变（80%家庭电价保持稳定）是可行的，因为用电量伴随经济增长和收入增加而增加，是一个动态的过程，即使电价保持不变，只要用电量逐年增加，进入更高档次的用电量会逐年增加，从而提高整体居民电价水平。按照目前居民用电每年超过10%的增长率，这一策略是可行的。

发达国家和地区已经较为普遍地实行了居民阶梯式递增电价。由于经历了成品油、天然气价格改革，我国公众对于资源价格改革的总体反应是一改必涨。从长期看，随着资源成本和环境成本的上升，电力价格的上涨是不可避免的，关键是以何种方式上涨最能为民众所接受。政府推出的阶梯电价改革方案是比较公平合理的，对物价不会造成很大的影响，因为居民用电量占全社会用电总量还不到14%，而这其中80%家庭的电价保持稳定，对整体电价影响不大，对通货膨胀难以产生影响。但改革方案对公众心理影响还是比较大的，因为大家此前已经习惯了居民电价不调整。

当然，阶梯电价在推行过程中还会遇到非常多的细节问题。例如，四代同堂家庭、合租及季节性电价要如何计算等，都需要进一步讨论操作的方案。由于电力公司抄电表时间存在滞后，不同季节的电价难以准确收取，从而容易引起用户的不满与纠纷。针对这个问题，有人提出将季节性电价以年为单位来收费等方法。在这些细节问题中，一些问题没有普遍性，另一些则不具备可操作性，但是，考虑季节性可以解决当中的许多问题。电季节不应划分太细，如果电费计费只分两个季节，即冬季和夏季，就比较容易操作和实施，这与我国台湾地区的做法大致相同。不过，只要大家对阶梯电价原则有共识，其他细节可以在推行的过程中加以完善。

原则既定，今后阶梯电价的设计可以更多样化。根据政策的需要和居民的诉求，可以有很多不同的完善方案，只是开始时应该尽量简化。同时，还可以进一步结合分时电价和峰谷电价进行考虑，更有效地推动节能减排。目前提出的阶梯递增电价机制不是全国一刀切，因为每个地区存在各自的地域特点，居民收入、生活电力消费情况和各地电价情况也不尽相同，原则一样，但阶梯基准各地必然有异。可以说，此次阶梯电价是居民电价改革的突破点。其主要作用是为了推出观念、制度，让公众广泛地参与一系列有效的辩论，充分理解阶梯定价机制的内涵与意义，为今后电价机制更复杂、更有效的设计做准备。

总的来说，阶梯电价在推行的过程中，需要兼顾公平、特殊性及季节性的问题。可以预见，随着政府对民众声音关注程度的加深，我国能源价格改革将越来越充满挑战性。阶梯电价作为一个价格机制能否被成功地推出去，接下来最困难的环节就是听证，关键是各地政府需要和老百姓解释清楚成本的问题，以及为什么需要阶梯电价。

3.4.3 阶梯电价的关键是第一档电量的确定[1]

2010 年 10 月，国家发展和改革委员会公布《关于居民生活用电实行阶梯电价的指导意见（征求意见稿）》，就阶梯电价制度的设计和推行公开征求社会意见。随后，国内各地就居民阶梯电价的具体实行方案都曾召开过听证会，公众争论的焦点主要集中于几个问题，笔者认为，听证过程中对所有问题的争论都可以归结为如何确定合理的第一档电量。

确定合理的第一档电量不容易，政府主要根据统计数据确定第一档电量。而消费者只知道自己家里用多少，且对于基本用电消费也会有不同的定义。居

---

[1] 本部分内容来自作者发表于 2012 年 5 月 12 日《新京报》上的文章——《"阶梯电价"未来需要"动态调整"》和 2012 年 5 月 15 日《经济日报》上的文章——《关键是合理确定第一档》。

民会质疑政府数据是怎么算出来的，还会质疑依靠简单统计得到的平均值，是否能够考虑季节性差异、家庭人口差异、城乡差异等多方面因素。

城乡居民用电基本要求可能存在明显差异，因此，城乡差异问题需要考虑。北京、上海等城市人口比例很大的地区应该没有太大问题，但是，对于农村比例比较大的地区，如果城乡基本用电差异比较大，采取相同的第一档时，城市居民即使是基本用电消费，也可能进入第二档。因此，对于一些农村比例比较大的地区，如果有足够的证据说明城乡用电基本要求有明显差异，就需要考虑不同的城乡第一档电量标准。所以，听证方案应该把城乡差异纳入考虑，比如分为城乡两套方案。

季节性也是一个问题。南方地区夏天热，而北方地区冬天冷，季节性用电不均衡。季节性问题应该是可以比较容易在方案中得到解决的。比如说，电费计费分两个季节，即冬季和夏季。采用年度方案累计计算，也基本可以解决季节性问题，相信大多数消费者应该会理性安排自己每月用电，从而避免进入二档、三档。如果采用季节性划分，不应划得太细，因为这样会比较容易操作和实施，分两个季节与目前台湾地区的做法大致相同。

根据政府的规定，实施阶梯电价后，增加的电费收入用于弥补发电、清洁能源发展等方面的成本。此次电价提价的主要起因是发电企业由于煤价上涨而导致亏损，因此政府应当尽快理顺电力产业链，通过提高发电产业链效率，减少成本压力等，避免和减缓电价的进一步上涨，以减轻消费者负担。

各地改革方案基本上没有界定将来阶梯电价的各档电量会如何调整。因为用电量会伴随经济增长和收入增加而增加，是一个动态的过程，即使电价保持不变，只要用电量逐年增加，进入更高档次的用电量会逐年增加，从而提高整体居民电价水平。进一步说，电力成本也是动态的。目前个别地区承诺首档电价三年之内不作调整，那么，各地政府可能也要对未来各档如何根据成本和收入变化制定一个基本调整思路。

电价涉及消费者的基本能源权力，制订改革方案理应尽量考虑更多的因素。但是，任何一个定价机制都只能是相对公平，无法解决所有个案问题，因为个案问题中，一些问题没有普遍性，另一些则不具备可操作性。比如说，由于家庭人口数变动千变万化，目前把家庭人口差异考虑进来会相当复杂，执行起来则相当困难。因此，只要合理确定了第一档电量，其他相对个案问题应该在执行中逐步得到合理解决。

第4章
石 油 市 场

4.1 行业情况

4.1.1 中美石油价格对比

政府从 2012 年 3 月 20 日起将全国汽油、柴油最高零售价提高 600 元。由于此次调价涨幅似乎超过市场预期，而且调价后，多地 93 号汽油价格突破 8 元大关，深圳的士燃油附加费相应涨到 4 元，引起全城震动。因此，此次调价引发了国内各界的广泛关注和民众的质疑。

由于国内油价不断走高，中国油价比美国高是一个经常性话题，那么，中美成品油价格到底差在哪里呢？由于美国对外依存目前略高于中国，所以成品油价格政策方面有一定的可比性，但是，由于人均收入的巨大差异性，中国成品油价格的承受力与美国相比存在不同。通过对中美油价的比较分析，可以更透彻地了解我国目前成品油价格的构成，从石油行业体制和价格机制的视角，本书为如何进一步应对国际高油价提供思路。

1. 中美石油价格差异的来源①

根据美国能源资料协会（EIA）统计，美国普通汽油终端销售价格由四部分组成：原油成本、炼制成本和利润、销售及输送成本和税收。其中原油成本是指炼油厂购入原油的到厂价格，是零售价格最主要的构成部分，目前占到零售价格的 70% 左右，也是使得美国成品油价格紧跟国际原油价格的主要原因。税收是美国汽油零售价的第二大部分，包括联邦、州和当地政府税。第三部分

---

① 本部分内容为作者于 2012 年 3 月 28 日发表在《南方都市》上的文章，原题为《减税可为油价调整提供更大空间》。

是炼油成本和利润，指成品油现货市场价格与炼油厂原油成本之差。第四部分是销售和输送成本，指零售价除去以上三部分后的剩余部分。

中美两国的成品油价格构成有所不同。中国成品油价格虽然有价格机制，但政府干预的成分比较大，终端零售价并不完全反映生产销售各环节的成本和收益结构。为使两国成品油价格具有可比性，我们可比照美国成品油价格构成，计算出中国汽油零售价格构成。在对两者进行了细分比较后，结果说明，至少存在三个原因导致中国油价比美国高。

原因之一是税收。中国成品油价格中的税收主要包括增值税、消费税、城建税和教育附加费。增值税和消费税是最主要的税种，城建税和教育附加费以增值税和消费税为税基。目前，中国汽油税（包含所有税种）约为每升2.13元。

美国的成品油价格包含联邦和州燃油税、销售税、县和地方税等。其中，联邦消费税由联邦政府税务部门对国内成品油生产者和进口商进行征收，税负通过零售商转嫁给最终消费者。目前，普通汽油的联邦燃油税率为每加仑①0.18美元，普通柴油的联邦燃油税率为每加仑0.24美元。州燃油税主要在批发和零售环节征收，其纳税人包括分销商、燃油（气）储存库（站）、进口商、加油站、油气管道或油轮运营商、消费者等，税款主要用于公路建设及维护等方面的支出。州税会不断调整，但调整幅度不大。此外，美国各州还有各自的消费税、销售税等税种，并且各州计税依据、税率都不相同。

如果不考虑县和地方税，根据EIA统计的美国普通汽油零售价格构成，2008年~2012年1月，美国联邦和州税基本上变化不大，并且在进行税费改革之前，中国的增值税和消费税就已经高过美国汽油税。如果考虑县和地方税的话，根据美国API统计，2012年1月美国各州汽油税平均税率为每加仑0.208美元，其他税率为每加仑0.097美元，总的州税为每加仑0.305美元，加上联邦税后总的汽油税率为每加仑0.489美元，折合人民币为每升0.81元，比中国此次调价之后的每升2.13元低1.32元。

原因之二是中国汽油零售价格中输送和销售环节成本（或利润）所占比重过高。美国零售和输送环节成本一般占零售价格的11%左右，2011~2012年受原油价格上涨的影响，这一部分比重有所下降，2012年2月下降至5%。2009年至今，中国零售和输送环节成本一般会占到零售价格的17%左右。如果从绝对值来看，北京汽油输送和零售环节一般比美国每升高出0.8元，如果计算全国平均的话，大约每升在0.5元。

原因之三是中国炼油厂的原油成本相对美国炼油厂的原油成本要高一些，

---

① 加仑是一种容(体)积单位，分英制加仑与美制加仑。1美制加仑≈3.785升。

但这个因素对成品油价格差异的影响要小于税收、输送和销售成本。根据我国海关统计数据，2009年1月~2011年12月，中国月原油进口成本每桶平均要高出美国1.98美元。如果考虑到中国进口原油多为一些低质高硫的劣质原油的话，两国进口原油成本的差距可能会更大。原油成本的差距换算成成品油后每升不到0.1元。

那么，我国比较高的税收是否合理？如果去掉养路费部分，中国汽油税与美国汽油税就很接近，因此，如果从养路费角度考虑，我国比较高的税收并非不合理。中美比较说明的确存在行业效率差异，但短期而言，缓解油价压力，减少税收是比较可行的。

2. 伊朗局势和成品油价格困境[①]

伊朗局势的持续紧张引发了国际社会对于石油供应安全的担忧，国际油价持续、快速上涨。截至2012年3月2日，美国得克萨斯轻质原油（WTI）期货价格涨至每桶106.59美元，布伦特原油期货价格也收于每桶124.02美元，较同年2月8日我国上调国内成品油价格时分别上涨了5.8%、7.9%。

国际油价的大幅度上涨使得我国成品油价格机制再次面临考验。虽然相比2009年和2010年，大众对调价已有所适应，反应也没有当初那么敏感，但对于现行油价的质疑，却依然不减。尤其是执行新成品油价格机制以来至2012年3月27日，国内油价相继进行过17次调整，其中就有12次是上调油价，下调仅有5次，这不免让国内消费者产生"涨多跌少""涨易跌难"的质疑声。其实，中国油价是否涨得过多、过快，可以通过中美油价的横向、纵向比较来分析。

2012年2月8日，国家发展和改革委员会将汽柴油价每吨分别提高300元，折合90号汽油和0号柴油每升零售价分别提高0.22元和0.26元。经过此次调价，国内汽柴油价格再次回到历史高位。北京93号汽油价格再次涨至每升7.85元，与2011年4月7日提价后的油价相同。2月8日，对应的国际原油价格为：Brent[②]每桶117.18美元，WTI[③]每桶98.80美元，迪拜每桶113.81美元，辛塔每桶119.66美元；而2011年4月7日，国际原油价格分别为：Brent每桶122.90美元，WTI每桶109.82美元，迪拜每桶115.56美元，辛塔每桶120.48美元。2012年2月8日调价时对应的国际油价略高于2011年4月7日调价时的国际油价。

---

① 本部分内容为作者发表于2012年3月12日《中国证券报》上的文章，原题为《从消费税入手解决油价易涨难跌》。

② Brent：布伦特原油。

③ WTI：美国西德克萨斯轻质原油。

洛杉矶是美国汽油价格最高的城市，与我国汽油价格最高的北京相比，2012年2月13日，洛杉矶普通汽油价格为每加仑3.918美元，折合人民币为每升6.53元，比北京93号汽油价格低1.32元，而在2011年4月11日，洛杉矶普通汽油价格折合人民币为7.24元，与北京93号汽油价格相差0.61元，低于2月13日的1.32元。如果与美国普通汽油平均零售价格相比，2011年4月7日，北京93号汽油价格高出美国普通汽油价格1.48元，但到2012年2月13日，两者差距为1.97元，2月27日缩小至1.65元。

如果国际原油价格进一步走高，石油市场将面临成品油价格机制的生存问题。成品油价格机制不能放弃，如果没有一个有效的定价机制，价格、企业运行和投资都将充满不确定性。政府可以在保证成品油价格机制下，考虑一些相对市场化的解决方案。从中美油价的主要差距来看，要解决目前成品油价格机制的困境，最短期的办法就是从消费税入手，在减免消费税的基础上，继续按照现行的成品油价格机制调整价格，即可以解决油价上涨推高CPI的问题，又可以维护成品油价格机制的严肃性。

在特殊时期，采用税收来调节汽油价格也是其他国家考虑使用的办法。韩国成品油税收包括增值税、交通税、教育税和燃料税，根据韩国交通税的法律规定，韩国政府有权根据国内经济的形式和石油市场形式的变化在基准税率30%的范围内适当调节交通税的税率。而就在2012年4月初，受制于国际油价的高位运行，为了减轻其对通胀的影响，韩国SK能源公司宣布将在今后的3个月时间里，将每升汽油和柴油的价格下调0.6元，而韩国政府也表示将会综合研究韩国国内油类税对税收和能源战略起到的影响，进而考虑下调油类税的问题。

当然，采用减免消费税的办法，只能在短期内缓解我国成品油价格机制困境。未来国际油价上涨至每桶130美元，甚至每桶150美元以上的可能性不是没有，届时，成品油价格机制何去何从，是值得政府从现在就开始考虑和关注的。另外，关注油价特殊时期民营企业的生存问题，有意识地留给民营一定的空间，进一步引入竞争，建立起完善的配套措施、完善监管等，都是政府在成品油市场化改革过程中需要尽快落实和完善的。

4.1.2　关于石油行业的"整体赚，局部亏"[①]

随着国家发展和改革委员会2012年3月20日凌晨上调成品油最高零售限

[①]　本部分内容来自作者发表于2012年4月5日《时代周报》上的文章——《"局部亏，整体赚"是石油巨头转换游戏》和发表于2012年4月14日《中国经济导报》上的文章——《石油行业"局部亏，整体赚"局面如何应对》。

价，国内多数地区汽、柴油供应价格进入了"8元"时代。中石油、中石化随后表示"此次调价使公司炼油亏损幅度缩小，盈利状况改善很多，但是否还在亏损仍在计算中"。近年来，中石油、中石化频频曝出的炼油板块的巨额亏损引起了广泛关注。2011年10月，中石油、中石化的财务报表显示出前三季度共645亿元的炼油亏损，与此前国家发展和改革委员会公布的2011年1~8月全行业18.4亿元的亏损相差甚远，两者无法吻合，遭到公众的普遍质疑。

在石油行业整体盈利的背景下，"局部亏，整体赚"的局面折射出哪些问题？石油行业"局部亏，整体赚"的现状根源何在？

首先，从业务板块构成来说，根据中石油自己的划分，其业务包括勘探与生产、炼油与化工、销售、天然气与管道四大板块，中石化略有不同，将炼油与化工两个板块分开。两大公司除炼油板块外，勘探与生产、销售、化工等石油行业内的其他板块都是挣钱的。目前，中国的石油对外依存度已近60%，另外约40%是国内生产的。按照目前上游的市场格局，进口的这部分主要由几个拥有石油进出口贸易权的贸易商，按照国际市场价格通过中远期现货合同进行操作，直接与国际接轨。国内油田自产的这部分也直接与国际市场价格挂钩，与自身的开采成本没有直接的关联。这约40%按照国际油价卖的国内原油就成为问题的关键。一般认为，海上石油的开采成本要高于陆上石油。中海油2010年公布出来的开采成本为24美元一桶，即便如此，与走高的国际油价相比，两者仍存在很大差值。由于中石油、中石化内部各板块分开核算，即使是同一系统的公司，上下游之间也按市场价结算，这样便造成了炼油板块的高成本。

其次，从炼油板块连接的销售板块来看，目前成品油到最终消费者手上还需要经历"出厂价（炼厂）—批发价（销售公司）—零售价（加油站）"三个价格。尽管"批零倒挂"① 引发终端零售环节出现"油荒"的现象多次出现，通常为了保障销售板块的利润空间，企业会保证批发价与出厂价之间留有余地。勘探与生产板块和销售板块两头的"挤压"就构成了"局部亏，整体赚"的外部原因。

从炼油板块本身来看：首先，目前全球范围内炼油行业的产能是过剩的，产能过剩意味着行业的平均回报不能维持在一个较高的水平，因此，即使将国际上领先的石油公司的炼油板块单独拿出来，理论上说，其收益率也应该是小于公司的平均收益率的。这就是为什么中石油、中石化选择炼油板块，而不是

① 批零倒挂：批即批发价、零即零售价的意思。原意就是批发价和零售价颠倒过来，引申为批发价比零售价还要高，通俗地讲就是买回来比卖出去的价格高。

上游或下游其他板块的亏损作为价格博弈的着力点的原因，因为大家在这一块都挣不着钱，就不会凸显其在经营能力上的缺陷。其次，在经营效率方面，我国石油企业与国际石油公司相比较，确实还存在一些差距。国内比较，在炼油板块中石化要好于中石油，中石油炼油量仅为中石化的一半，同时进口比例较之也低，但炼油板块的亏损却要远高于中石化。尽管如此，中石化的很多炼厂如荆门石化、巴陵石化的布局仍带有三线建设时期的历史烙印，成本高包袱重，经常处于"政策性亏损"的状态。

针对产业链中某一环节的亏损，通常的解决办法是纵向一体化，通过将外部交易内部化，减少中间环节实现整体的改善。中石油、中石化当前一体化体制的"利"在于：如果我国由于调控通胀的政策目标而需要适当控制终端价格，一体化模式可以在石油对外依存度日益上升的背景下，通过上游的盈利应对终端价格管制下外部价格的风险，保障成品油的供应安全。当然，这个方面的好处常常会被扩大化，比如说，电力与煤炭的价格矛盾，政府也试图采用煤电一体化来解决。其不利的一面也十分明显：上述分析的两个"外部"原因在很大程度上还是核算方式的问题，真正需要我们理性对待的是巨无霸式垄断体制下，是否存在被掩盖的经营效率的低下。

应对石油行业"局部亏，整体赚"的局面，首先应当界定清晰的核算概念，使得国产原油的生产成本透明化，让大家明白到底有多少"亏损"是上下游造成的。此外需要未雨绸缪的是思考如何应对进口原油的价格上涨风险，它是造成炼油板块的"真实亏损"的根本。这需要提高我国石油企业的金融参与意识，以应对大宗商品金融属性日益增加的趋势。最后，作为纵向一体化的企业，分割开来，计算各个产业链环节的盈亏只是算清楚账，在整体盈利的情况下，炼油板块亏损不能直接作为补贴依据。

4.2 成品油价格机制改革

4.2.1 高油价背景下如何保障民营发展和防止油荒[①]

2012 年，在江苏南京召开的全国经济运行工作会议上，国家能源局认为当前煤电油气供需虽然总体平衡，但影响稳定供应的因素很多，局部地区和高峰时段可能出现供应偏紧的情况。那么，在高油价背景下，如何保障民营企业

---

① 本部分内容为作者发表于 2012 年 4 月 13 日《中国证券报》上的文章，原题为《高油价或再致"油荒"》。

发展和防止油荒?

在经济快速发展时期,石油纵向一体化体制对保障石油供应,显然有好处,但也的确可能存在效率问题。而石油行业垄断常常被认为是我国高油价的一个主要原因。美国成品油市场化程度比较高,成品油产业链中各个环节的竞争都比较充分,尤其是在零售环节,利润呈现出稀薄化的趋势,充分竞争使各个环节的企业都努力提高效率减低成本。日、韩两国在成品油价格机制改革过程中,放开政府定价的同时,引入了竞争,通过竞争促进各个环节提高效率。以日本为例,目前,日本国内有 10 大批发商和 9 大炼油商,市场的竞争比较激烈,而日本不含税油价之所以比较高,主要是由于品牌费用、地租等问题。

我国石油行业纵向一体化主要由三大石油公司垄断,这是一个现实。首先,在炼油环节,三大石油公司产量将近市场的 90%。其次,在零售环节,中石油和中石化的加油站个数占到了全国的 50% 以上,零售量占到 85% 以上。最后,也是最重要的,三大石油公司掌握着上游油源。显然,我们很难量化市场化程度带来的效率和成本效应,但是简单地估计后可以发现我国成品油输送和销售环节的效率是相对比较低的。美国零售和输送环节成本一般占零售价格的 11% 左右,我国则占到零售价格的 15% 左右,而从绝对值来看,2009 年以来一般中国成品油价格比美国每升要高出 0.5 元左右。

高油价背景下的民营企业生存空间值得忧虑。面对进一步走高的国际油价,在产业链垄断和政府调价滞后的情况下,政府需要有意识地留给民营企业发展空间。石油行业对民营投资的放开甚至鼓励都还不足以吸引民营企业,吸引民营企业进入仍然需要更多的政策配套。目前,允许民营企业更广泛地参与到原油及成品油进口的呼吁,正是市场改革的方向。但是,其前提是成品油价格机制能及时反映国际油价波动,因为调价滞后会造成国内国际价差,形成无风险投机,这时民营企业更广泛的参与有可能会影响市场供需。因此,石油行业体制和价格改革是相辅相成的。

当柴油供应紧张的时候,大型国有油企会首先给自己的加油站加油,这是可以预期的。目前,国内的民营加油站的市场份额已经比国有企业少,但其个数毕竟占到了加油站总数的 45% 以上,如果民营加油站的柴油供给无法保证,如何保证市场的供给? 因此,政府需要确保大型国有油企即使在油源紧张时,也需要尽量确保民营加油站油源。这不仅是国有企业的社会责任,更重要的是我国石油产业链的国企垄断是行政赋予的权利。

政府需要防止由于行业体制和成品油调价滞后导致的油荒。目前局部和短暂的油荒既是经济高速发展的阶段性特征,也常常与调价滞后相关。第一,国际油价上涨,国内加油站存在油价上调的预期,从而出现囤油现象。淡季囤油不会影响市场供给，但需求旺季囤油则将直接导致油荒。第二，目前成品油定价原则是与国际接轨，滞后不到位的价格调整会扭曲炼油厂的生产积极性。第三，滞后价格调整还会影响成品油的进出口，当国际油价高于国内油价时，不管国内的供需状况如何，相比进口，供给方将更加倾向于出口。对于快速增长的需求，充足的供给需要成本，因而充足的供给只是相对的，只能尽量保证将油荒控制在更短的时间和更小的范围内。

4.2.2 如何应对国际油价上涨[①]

目前，我国成品油价格机制遵循国际接轨原则，除了政府对于其他社会方面的考虑，国内油价基本上由国际油价决定。国际上各国的能源价格水平很不相同，一个国家的能源价格水平，取决于其资源禀赋、经济发展阶段和政策目标。从经济学角度看，能源价格需要反映成本，是行业可持续发展的基本保障，而通过提高能源价格可以促进节能减排，这也没有争议。

我国石油对外依存已经达到56%，石油价格与国际接轨是反映石油成本的基本要求，但不是充分要求。经济学证明，能源消费有助于提高劳动生产率和社会现代化水平。提高能源价格一定会节能，但用不起能源将影响劳动生产率。这就要求节省需要有个度。作为发展中国家，目前，我国的能源价格是在这个度以上还是度以下？这还需要讨论。一个普通消费者消费某一种商品，特别是基础性商品（如能源），通常会考虑两个因素：价格和收入。假定说某种能源产品的价格非常高，但是它占收入比非常低，消费者是不在乎节能的。我国油价与美国相近，但美国人均收入是我们的近10倍，所以我国的价格与收入比相比美国高出很多，也就是说，我国普通消费者会比美国消费者节省，这也是个事实。因此，发展中国家能源价格（包括油价）的补贴是合理的，有时甚至是必需的。

对于我国现行的成品油价格机制，最大的考验应该是一旦国际油价大幅度上涨时政府将如何调价。以往政府的应对是选择价格管制，然后对中石油、中石化进行财政补贴，然而这是无目标补贴，使得定价机制形同虚设。而没有定价机制的石油行业，除了投资和运行的不确定性，还会影响行业的可持续发展、成品油供应和增加可持续成本等。合理透明的成品油价格机制不仅是为了缓解石油企业的财务负担、解决石油产业链矛盾，更重要的是为石油投资提供一个相对确定的商业环境，为民营企业和外资的参与投资提供可以预期的财务

---

① 本部分内容为作者发表于2012年4月23日《中国证券报》上的文章，原题为《建立合理油价补贴机制》。

保障。无论是否有定价机制，油价一定会逐步上涨，透明的定价机制是赢得消费者理解的关键，也是为消费者参与定价留有一席之地的表现。

以往政府的价格管制和财政补贴是无差别价格补贴，即每单位汽柴油消费得到相同的补贴，这不利于公平和效率。因为，一般来说，高收入群体耗能多，受到补贴也多。虽然成品油消费没有相关统计，但可以以电力为例。我国5%的居民消费了20%的居民电量，无论补贴来源是国有油企的亏损，或是直接的财政补贴，补贴都来自于国家的财政资源，而财政再分配的基本原则是向弱势群体倾斜。因此，可以说无目标补贴往往是低收入群体补贴高收入群体，因此是不公平的。有目标的补贴应该尽量针对低收入人群，以及与低收入人群相关、和公共服务相关的商品的服务。而对于高收入群体，只有比较高的价格才会迫使他们提高效率。

因此，应对国际油价进一步走高的基本原则应该是：尽可能维护定价机制的严肃性，避免油价管制，同时在调价时考虑发展中国家的消费特点和消费者承受能力，进行有目标的能源补贴。

4.2.3 成品油定价机制改革[①]

人们对成品油价格机制改革非常关注，每次成品油调价都会提出来。事实上，能源价格改革我们每年都说，但进展却是缓慢。我们可以理解为什么能源价格改革缓慢，因为每次改革，政府都必须充分考虑所有的经济、社会、政治风险，才会确定改革和改革幅度。但是，我国目前能源的矛盾基本集中在能源价格上，能源价格改革缺位已经在影响社会和谐、经济运行、宏观决策、节能减排、能源行业的可持续性和经济发展的可持续性等，这个现状需要被改变。

1. 改革成就

从国际油价大幅度回升和波动情况下石油行业的表现来看，我国成品油价格机制的整体效果应该还是比较不错的。2009 年 5 月，国家发展和改革委员会公布《石油价格管理办法（试行）》（简称《办法》），从该办法执行以来，国内的成品油价格已经进行了十几次调整，结合《办法》执行以来的调价实际情况可以看出，政府的调价处理已日益成熟和老练，社会舆论也日益减弱。

在成品油定价机制问题上，其他发达或不发达的国家都大致经历过从政府

---

① 本部分内容来自作者收录于中央人民广播电台经济之声《中国经济迫切十问》中的文章，原题为《成品油定价机制需要改革吗》。

管制到市场定价的过程。韩国与印度的价格机制改革是我们比较熟悉的改革例子。它们的石油价格改革过程表面上很相似，成品油价格机制基本都相应经历了政府定价、与国际市场接轨和价格市场化三个阶段，但由于国情不同，一些具体政策和做法却并不相同，也导致了截然不同的两种结果：前者成功实现了石油价格的市场化改革，而后者的改革却几经反复，走回政府定价。如此看来，我们应当认识到：改革的速度和深度要受现阶段我国经济政治社会大环境的多方面约束。对于我国成品油定价机制改革是否成功这一点，应该多方面进行评判，主要评价标准有可操作性、公平和效率等方面，基于这些标准我们可以说，目前执行了三年多的价格机制应该说是成功的。

现行成品油定价机制在政府石油定价的透明度与国际接轨方面，无疑是积极的，总体成效也比较明显。但在实施的过程中，我国油价与国际原油价格变化相比还存在着明显的滞后性，也使得与国际油价接轨的初衷大打折扣。尽管仍有不足之处，但不论是相对于目前我国的经济、政治和社会环境背景，还是相对于其他能源价格，成品油定价机制已经做得很好。但是，在近期国际油价大幅度波动的情况下，因为要满足调价条件（22个工作日和4%幅度）而导致国内油价的长时间滞后，对各方面都产生了影响，也导致了大家对成品油价格机制的抱怨和质疑。因此，接下来如何在技术层面进一步完善成品油价格机制，就成了大家关心的热点问题。

2. 进一步改革建议

由于体制和现阶段我国国情的原因，完完全全让成品油价格由市场决定可能时机未到。归纳总结进一步成品油价格改革建议，现阶段我国成品油价格机制改革的四个基本要点应该是：①原油价格参考地；②加权平均价格变动要求的天数；③加权平均价格变动要求的幅度；④由企业自行（宣布）调价和调价幅度。

具体而言，成品油定价机制将从以下四个方面进一步完善。首先是改革挂靠地点，即从哪里买、跟哪里挂靠。改革三地挂靠①机制其实意义不是很大，因为影响应该不会很大。跟哪里买，跟哪里挂靠，应该是以往和今后的一致原则，什么地方买得多，其占权重比较大，这也应该是基本原则。近期调价推迟又受到许多质疑，对此笔者认为，如果我们不了解三地挂靠的权重，机构的计

---

① 三地挂靠：2001年国内成品油定价机制调整，其中一条是将原来成品油价格单纯依照新加坡市场油价确定改为参照新加坡、鹿特丹、纽约三地石油市场的价格，2009年定价机制再次调整时，又将成品油价格挂靠地点改为布伦特、辛塔和迪拜三地。

算结果也可能不准确，因此调价时间差一两天是可以理解的。其次是缩短调价时间把 22 天缩短为 10 天。再次是降低调价幅度标准把 4% 改为 2%。这两方面的改革无疑都是使调价时间缩短，调价更频繁。最后也是改革最重要的一点，让企业自动调价而不是等国家发展和改革委员会宣布调价。以往在调价过程中政府会考虑价格上调的影响，因此常常会滞后或者减少上涨幅度，改革后，一旦国际油价大幅度上涨或累积调高次数比较多的时候，企业自动调价将会及时到位，调价不会滞后，或考虑上涨幅度问题。

因此，改革后的成品油定价机制将呈现三个特征：更快、更及时、幅度更大。其中更快是缩短周期和缩短幅度所决定的。更及时、幅度更大是由企业自动调价后所决定的，也就是说，改革后将不会出现政府调价时的滞后问题。

改革的关键点和最大亮点是由企业自行（宣布）调价和调价幅度。由于能源特性，政府不可能远离能源。如果可以按照成品油定价机制，由企业自主调整，政府监管，那基本上就是价格市场化了。发达国家在很多能源价格调整机制方面也是这么做的，如燃料调整机制。如果能在政府规定的范围，实现企业自主调整，就是朝市场化改革迈出关键性的一步。

另外，由于政府控制价格，资源国有（比较低的资源税），国有企业承担一定的社会责任（能源价格不到位）等原因，透明的企业成本非常重要。从某种意义上说，透明的能源成本可以促进公平定价，也可以让公众理解补贴，既有益于提高公众对能源价格改革和调高价格的理解，也有益于节能减排。由于资源的稀缺性，无论改革与否，成品油价格均会逐步上涨，透明的成本是赢得消费者理解的关键，也是为消费者参与定价留有一席之地的表现。而公平有效的政府定价，离不开加强石油企业的财政廉洁和能源效率。因此，我国成品油价格机制改革的基本要点归结为：透明的定价机制，透明的企业成本和公平有效的价格补贴。所有的改革努力都可以围绕基本要点进行。

3. 改革为什么迟迟不推①

改革对各方有着不同的影响。首先，对政府来说，改革是省心省事的。以往国家发展和改革委员会调价，很容易让老百姓认为是政府调价而非市场调价，同时质疑政府对石油垄断企业的立场，市场定价的情况下则不存在这种质疑。其次，对石油企业来说，改革是一个很大的利好。及时调价意味着无论油价涨跌，目前与国际接轨的定价机制都能保障企业的合理利润。在以往的定价

① 本部分内容来自作者发表于 2013 年 2 月 20 日中国经济网上的文章，原题为《成品油价格定价机制为什么迟迟出不来?》

机制下，油价下行时，如果调价及时，石油企业理论上是不吃亏的。但是，油价上涨时若调整幅度不够国际原油价格上涨幅度，或者不及时，企业利润是会受影响的。最后，对老百姓来说，把成品油价格会降低的希望放在成品油定价机制改革上，从理论上讲是不对的。今后成品油价格调整更快、更及时、幅度更大都是双面的，朝上朝下都管用，朝下调大家都很高兴，而如果国际油价大幅度上涨，朝上调整幅度更大、更加频繁时，消费者会难以接受。

那么，为什么成品油价格定价机制迟迟出不来？总的来说，成品油价格机制改革会使我国成品油价格更加市场化，方向肯定是对的。难以推出的主要原因应该还是政府对推出后影响的考虑，最主要是更快、更及时、幅度更大的特征将使成品油价格更不可控。打个比方，如果改革后出现一个月之内国际油价上涨20%（从国际油价近期走势，这个可能性存在），国内消费者可能面临上调两次，而上调20%，消费者是否能够接受？

从这个角度看，何时把成品油定价机制改革推出来合适？应该是在国际油价是稳定，或是朝下的时候，但是这个时机很难等到。因此，如果政府真的想改革，就应该坚决把改革推出，可以对改革后的成品油调价幅度和次数作一些限定，预防在特殊情况下，比较集中大幅度的上调油价。

归纳来说，成品油价格推出主要还是看政府的决心，目前公众有许多讨论，整体看来但还是倾向于改革，政府应该利用这一点，及时推出改革。

4. 改革时机①

政府对成品油价格改革的态度还是"择机"改革，"择机"就意味着"不确定"。

改革的时机的确很重要，因为它会影响改革效果，但是，除了改革时机本身的争议性，等待改革时机是个很不确定的事件。等待改革时机是相对的，对于能源价格改革来说，最好的时机是能源价格低廉、稳定的时候。从目前来看，这个时候可能非常难等到，也很可能等不到了。因此，政府需要抓住大家对调价的期待，以及国际油价比较温和的时机，坚决推出成品油定价机制改革方案。好比今年的阶梯电价改革，由于涉及居民电价，也是属于非常困难的改革，但是因为其设计得当，在政府坚决推出后还是得到了人民的支持。改革过程中，我们常常会碰到突发事件或不利于改革的宏观问题，但是，不能让它们影响我们改革的步调，因为它们会经常性的存在。所以，除了特别重大的安全

---

① 本部分内容分别来自作者发表于2012年8月13日《证券日报》上的文章——《抓住时机坚决推出成品油定价机制改革》和2012年8月11日《京华时报》上的文章——《应抓住国际油价温和时机推新定价机制》。

威胁，政府都应该到位地把准备成熟的改革推出去。

近年全球经济受欧债危机影响，走势很差，相对应的石油需求也出现疲软，石油价格无论是多少，应该也属于比较温和。因此，政府需要抓住大家对调价的期待，以及国际油价比较温和的时机，坚决推出成品油定价机制改革方案。然而，由于伊朗问题没有解决，中东动荡的重要因素依旧，油价依然有大幅度上涨的可能。一旦新的成品油价格机制推出，而国际油价同时大幅度上涨，"更快""更及时""调整幅度更大"可能会使消费者难以接受，这应该是政府所担心的。但其实政府是可以通过其他更为市场化的手段缓解油价上涨的影响（如考虑降低消费税），并不需要为此而推后成品油定价机制改革的脚步。

4.2.4 伊朗局势将影响成品油定价改革[①]

成品油价格机制改革的推出是有条件的，其影响因素很多，比较重要的除了政府改革的决心之外，另一个关键因素就是国际的油价走势。

以2012年为例。如果当年国际油价可以稳定在年初的水平或者更低些，那么2012年上半年推出成品油价格机制改革就是有可能的，毕竟改革方案已经讨论很长时间了，相信政府和市场都有共同的改革预期。但在该年年初来看，随着伊朗局势的变化，2012年国际油价稳定或者更低些的可能性日益变小。那么，如果国际油价大幅度上涨，比如说上涨至每桶130美元或更高，成品油价格机制将遭遇"失灵"的风险，也就谈不上改革。

其实，对于当时现行的成品油价格机制来说，最大的考验应该是如果国际油价进一步大幅度上涨，将如何应对？笔者认为，从当时的宏观环境看，如果油价真的进一步上涨，已有的价格机制将无法保证2008年发生的一切重演，而当年还有养路费分担。因此，如果2012年油价大幅度上涨，政府将面临考验：如果选择价格管制？如何处理亏损和补贴？如果政府选择执行价格机制，那么，如何应付高油价相关的社会问题？

2012年年初，笔者曾从当时的国际情形出发，就该年的油价走势进行了猜测。一方面，当时欧盟各国原则上已达成共识，对伊朗石油实施禁运措施，欧盟外长理事会表示将尽快对实施时间和具体内容做出决定；另一方面，美国此前也已通过法案，对从伊朗进口石油的国家的金融机构实施制裁。虽然美国和欧盟未就抑制伊朗石油出口做出最终决定，但是当时的局势似乎就朝这个禁运的方向发展。

———————————

① 本部分内容来自作者于2012年1月发表于《石油与装备》上的文章。

如果对伊朗实行石油禁运，国际原油价格一定会上涨。伊朗是世界上主要的石油大国，2010 年，伊朗日出口原油 208.7 万桶，是仅次于沙特阿拉伯、俄罗斯的第三大石油出口国，出口量占欧佩克成员国出口总量的 9%，占全球原油出口量的 5%，消费量的 2.4%。更重要的是，伊朗还占据重要的地理位置，扼守全球重要的石油运输要道霍尔木兹海峡（2009 年霍尔木兹海峡石油运量占到全球石油海运量的 33%，全球石油贸易量的 17%）直接威胁到重要产油国如科威特、阿拉伯联合酋长国、沙特阿拉伯等国对西欧、日本、美国等发达国家的原油输送。

进一步说，如果对伊朗的制裁演变为大规模冲突，进而引起中东动乱，那么，全球原油供应势必受到重大影响，油价也将在市场恐慌中急剧上涨。事实上，仅当时伊朗问题的不确定性就足够使油价坚挺。如此 2012 年的成品油定价机制改革必然存在不确定性，而事实也证明了这一点（中国成品油定价机制的再次改革是在 2013 年 3 月推出的）。但其实改革与否主要考验的是政府的改革决心。

4.3 石油安全

4.3.1 战略石油储备

目前，国际上主要的石油消费大国如美国、日本、德国等都已经建立了比较完整的石油储备体系，它们的经验对中国来说，有一定的借鉴意义。美国是世界上最大的石油消费国，具有最大的和比较完整的战略石油储备体系。认识和了解美国战略石油储备，有利于我们理解国际石油战略储备的种种相关问题。

1. 美国的战略石油储备[①]

美国战略石油储备源于 1973 年的石油危机，1975 年美国国会通过了《能源政策和储备法》授权美国能源部建立和管理美国战略石油储备。截止到目前，美国战略石油储备能力已经达到了 7.27 亿桶。战略石油储备主要是为了应对石油供应中断，必须由总统授权才能投放。然而，虽然美国战略石油储备的计划决策、维护管理和投放动用机制都属美国能源部控制，按政府行政指令

---

① 本部分内容为作者于 2012 年 2 月 23 日发表于《中国科学报》上的文章，原题为《伊朗危机下重新审视石油战略储备》。

运作，但整个运行机制却尽可能地实现市场化。

1）管理机制

美国战略石油储备的管理完全由政府执行。每年联邦财政预算中有专门关于战略石油储备的账户，其中涵盖了采购石油、油库建设和日常运行的费用，由国会批准账户上预算基金的数量。启动战略储备的权利归美国总统所有，其他储备相关的政策和决议由能源部及战略石油储备项目办公室和项目管理办公室负责，提案交美国总统同意后，由国会批准生效。从美国各财年战略石油储备的账户的支出的平均情况上看，资金主要用于采购石油，且随着储备的增加，建设支出有所下降，但是维护成本却有所增加。

2）储油机制

美国战略石油储备的储油机制具有阶段性的特点。战略石油储备在一些年份是停滞不增加的，这主要是受当年的国际政治环境因素所影响的。例如，1979~1980年，美国仅增加了1.6亿桶的原油储备，主要是由于1979年春的伊朗革命，此时继续增加储油可能同时加大石油价格上涨的预期。再如，1990~1992年，由于海湾战争，美国政府向市场投放了储备原油3300万桶。美国战略石油储备量较大，为了避免采购和投放对石油市场价格造成影响，美国一般采用招标的机制来采购战略储备和投放储备原油。其间，美国国内针对战略石油储备的直接采购方式也进行过讨论，如向炼油厂商和石油进口商收取1%的储备费、采用发行购进石油的债券等，但是在国会上都没有得到通过。

目前，美国战略石油储备来源主要有两部分：一部分来自政府招标采购，其中长期供应合同占招标采购的40%，剩下的部分则选择在石油市场价格低迷时通过现货招标；另一部分以实物（石油）抵租金的实物特许费的形式获得。因为美国联邦政府可以收取墨西哥湾海上的石油开采租金，所以美国能源部提议采用实物（石油）抵租金（RIK）的方法，增加战略石油储备。因这种方式可以减少直接采购战略石油的拨款，故得到了国会的支持。但是这种方式在一定程度上减少了市场上公开原油交易数量，对原油价格可能会产生影响。

3）供油机制

美国战略石油储备必须符合《能源政策和储备法》的条件，才可以按全面动用、有限动用和测试动用的三种可能形式进行投放。其中全面动用和有限动用必须由美国总统决定，而测试动用的决定权可以交给能源部部长。全面动用的条件是出现"严重的供应中断"情况下，包括由于严重石油供应中断或者不可抗力而导致对国家安全或经济产生严重逆转。有限动用的条件较上面一种情况为轻，是时间较长或大范围的国内国际石油中断供应情况。

在2008年夏天国际油价高涨时，包括当时竞选人现任美国总统奥巴马在内，许多人士都建议动用战略石油储备以降低油价，但是最终也没有真正进行。这也正说明了美国战略石油储备的动用必须满足《能源政策和储备法》的动用条件，石油储备的主要目的是减少石油供应中断对国家和经济带来的损害，并不是充当平衡市场和稳定油价的调节器。战略石油储备的投放同采购一样，也采取招标机制。政府在销售前发布公告，明确油品的销售信息，并公开向石油公司招标，标书的评审与最后定标由能源部负责完成。销售所得资金拨入财政部所属的石油储备基金专门账户。

4）战略储备与商业储备

美国的石油储备分为战略储备和商业储备（商业库存），这两种储备形式相互独立，却互为补充。IEA 规定成员国的石油储备必须达到国家 90 天净进口量的水平。美国作为其成员国，理论上应该达到 IEA 的要求，但 2007 年美国战略石油储备只能满足 58 天的净进口量水平，且从 1977 年开始有战略储备以来，也只有 1983～1987 年的 5 个年份达到了 90 天的净进口量水平，2009 年为 75 天，2010 年为 77 天，但 2011 年以来，美国战略石油储备逐月增加，2011 年 10 月增加至 88 天，11 月份为 87 天。美国的商业储备为美国的整体石油储备作了积极而重要的补充，商业储备在每一年度均大于战略储备的数量，很多年份还超过其两倍，从而保证了满足 IEA 石油储备量达到 90 天净进口量的要求。

商业储备不受政府制度的制约，但政府可以通过石油供求信息来引导企业进行商业石油储备，政府还可以利用石油税费等行政手段来激励企业增加商业储备。同时，两种形式的储备的职能分工也不同，正如前文所提，政府战略石油储备的目的主要是防止石油供应中断，反映的是美国政府对石油的态度。而商业储备体现的是市场价格信号和供需变化。

2. 战略石油储备的管理与运行①

战略石油储备归政府所有，但整个运行机制和管理机制却有可能高度市场化。也就是说，从储油地选择、储油规模、储油设施利用、补仓和释放的时机到动用储备机制等方面都可以通过市场化的方式解决。

第一，从储油地选择来看，其基本原则是安全和方便。美国选择墨西哥湾沿海地区作为石油储备基地，一方面，因为这里有大量的盐矿洞穴，除了能够提供足够的安全性外，还能提供较低的储油成本，据估计，采用地下盐洞的出

---

① 本部分内容来自作者发表于 2012 年 3 月 22 日《中国科学报》上的文章，原题为《战略石油储备的曲解需要澄清》。

油成本不到地面储油成本的十分之一；另一方面，墨西哥湾是美国主要的石油生产和加工基地，加工能力强使得在非常时期，美国的战略石油能迅速转为成品油。我国的战略储备原则应该差不多也是这样。

第二，从战略石油采购来看，其基本原则是低买和尽量减少对国际市场油价的影响。然而这一点说起来容易做到却很难，只能尽力。美国战略石油储备量比较大，一般采用招标的机制进行采购，具有一定的灵活性，可以尽量避免采购对石油市场价格的影响。其战略石油储备来源主要有两部分：一部分来自政府招标采购，长期供应合同占到了招标采购的40%，还有选择在石油市场价格低迷时通过现货招标；另一部分以实物（石油）抵租金的实物特许费的形式获得。这种战略石油储备方式在一定程度上可以减少在市场上公开原油交易量，降低对国际原油价格的影响。

第三，储油补仓时最重要的是"高抛低吸"的时机，这有些像炒股，但是条件更高，当然，其前提是有比较大的"仓"。2009年，当国际油价一度降到每桶40美元时，我国却无仓可补，丧失了一个非常好的时机。受国际地缘政治环境影响，近期国际油价大幅度波动，为战略储备调整提供了一些时机。一般来说，美国的战略石油储备虽然在不断调整，但在一些年份储备量基本维持在一定水平，如1986~2002年间美国战略石油储备基本维持在5亿~6亿桶。2001年受"911"事件的影响，美国调整战略石油储备的政策，战略石油储备迅速增加。由于有比较大的"仓"，现实中从每次石油补仓的时机来看，美国似乎基本上做到了"高抛低吸"。这当然与美国战略石油储备相对有效的决策体系相关，该决策体系使得美国能够比较好地把握石油补仓和释放的好时机，同时做好发挥稳定市场和确保石油供应安全的平衡。例如，1994~1997年，美国战略石油储备基本上没有进行补仓，可当1998年石油价格迅速下降时，美国启动了补仓行动。再如，2009年当国际油价从148美元跌至46美元时，美国再次启动补仓行动，弥补2005年卡特里娜飓风灾害时期释放的石油。

第四，动用战略石油储备一般需要法律来约束。美国战略石油储备必须符合《能源政策和储备法》的约定条件，才能进行全面动用、有限动用和测试动用等三种可能形式进行释放。截至2012年，美国宣布动用战略石油储备近二十次，但其中真正由总统下令的只有3次，即海湾战争、2005年的卡特里娜飓风，以及2011年7月油价上涨时。战略石油储备的投放同采购一样，一般也采取招标机制。一旦总统决定动用石油储备，能源部就将采取招标方式向市场公布投放储备量，并公开向石油公司招标。据说，美国从开始决策到石油储备投放市场，只需要13天。

第五，从战略石油储备设施利用来看，基本上政府出资经营。美国战略石油储备全部依靠财政拨款。为了减轻石油储备导致的财政负担，美国对储油设施开展了一些商业化运作，包括向国内企业，甚至国外企业出租，从而获取租金收入。出租还根据对象，分为长期出租和短期出租，其中短期出租主要针对国内企业（基本上是企业做库存），长期出租则针对无充足原油储备设施的国际原子能机构成员国。

4.3.2　重新审视能源安全战略下的石油企业走出去[①]

随着中国经济的发展，能源消费总量不断攀升，能源安全形势日益严峻。近几年来，中国石油对外依存度大致每年提升 2 ~ 3 个百分点，到 2014 年中国原油对外依存度已近 60%，且这一趋势在较长的一段时期内都难以改变。

对能源安全，特别是石油安全问题，我国已有较清醒的认识。近几年来通过石油战略储备，推动中国石油企业走出去在海外寻找资源等方式，我国的整个能源安全战略体系正在逐步形成与完善。但在能源安全战略上由于我们起步较晚，许多方面都没有充分准备。

国际上，许多发达国家经过几十年的布局与谋划，自身的能源安全战略体系往往已相当成熟并占住了位子。因此，可以说中国能源安全战略体系在"外向型"的道路上一开始就面临着复杂的外部环境与不确定性。中国石油企业近几年来"走出去"的过程中面临的种种麻烦也说明我们需要重新审视我们能源安全战略的思路。

在外部环境日益复杂、充满不确定的情况下，保障中国能源安全应以节能为主，石油企业"走出去"只能是一个补充。中国石油企业的大规模"走出去"除了能去的地方不太多，还可能导致全球对石油资源的竞争更加剧烈，间接推动国际石油资源价格上涨。

能源安全不仅仅是"量"的安全，由于其不可再生，油价长期走势是上涨的，"量"的危机也会透过"价"来体现。广义的能源安全应该包含能源价格对社会经济的影响，而影响石油价格上涨的基本因素还是石油供需。

节能意味着抑制低效率能源需求的快速增长，应当被放入能源宏观平衡公式中加以统筹。当总需求量大到足以导致稀缺预期时，需求的快速增长推动的不是供给，而是价格。节能对于中国来说，还意味着需要对内调结构、升级产业与技术并减少排放，在外部发展空间日益受到挤压的情况下，意味着双重甚

---

① 本部分内容为作者发表于 2012 年 10 月 8 日《中国能源报》上的文章，原题为《石油企业走出去与引进来》。

至多重红利。

除此之外，中国石油企业的"走出去"也十分重要，但我们应明确战略目标。我国的"走出去"战略是建立在国际能源价格将长期持续走高的假设前提下，希望在今后能源价格高昂的时候，中国受能源价格的净影响会小一些。石油企业"走出去"的另一个重要意义在于"学习"，尤其在培养管理人才和企业经营经验方面。由于市场容量，中国的石油企业位于世界"500强"前列，但在"积淀"上仍有不小差距，通过走出去形成跨国能源集团，实现从简单"买资源"到石油产业链经营的全面转变。

通过石油企业"走出去"保障能源安全的内涵实质是在可能面临的"资源在外面，市场在里面"，外部环境动荡且充满不确定的严峻形势下，通过向外部发展来应对危机，减少资源价格风险，是通过"借力"（无论是借助人家的资源还是其他）来解决我们自身的能源安全问题。

在当前的国际环境下，中国石油企业"走出去"面临着多重风险。首先体现在近年来能源领域的国际地缘政治局势的日益复杂上。各国在能源安全战略上均有布局，且往往存在冲突之处，能源缺乏的发达国家企业在本国政府的大力支持下，具备长期经营培育的网络。中国企业起步尚晚，当前表现最为明显的就是管理经验和人才的缺乏，导致在并购过程中对国际形势与相关国家法律法规的把握不足，或是在并购完成后对经营网络的整合不够等。"走出去"过程中如何把握这些风险，既是政府和油企应该认真关注的关键之处，也是国内老百姓应该关心的重要问题。

但"走出去"只涉及了问题的一个方面。如果把"走出去"看作是对"资源在外面"的解读，那么我们还需要好好利用"市场在里面"的优势，即转换思路将把能源"引进来"作为进一步着眼的方向，也就是由中国提供市场，外国保障能源供应的合作。例如，中石化和科威特石油天然气总公司共同控股在广东省投资建设50亿美元的炼油及石化项目，其中，科威特保证向中国的原油出口。上述模式可能是在外部发展空间日益受到挤压的情况下我们的又一选择。

"引进来"与"走出去"在保障能源安全战略本质上并无差异，但其好处明显，"引进来"模式不会触及各方面对能源问题的敏感，同时还可以避免许多海外能源资产并购中的种种麻烦，同时在双方的磨合中，中国企业可以不断成长。朝前看，还可以帮助相关国家摆脱对西方发达国家市场的过重依赖，是个双赢的模式，可以在应对日益复杂的石油政治局势中取得先机。

总的说来，由于外部发展空间日益受到挤压，我国外向型的能源安全战略体系构建的思路，要求我们重新审视"走出去"。虽然现阶段保障能源安全战略的重点应是节能，石油企业"走出去"作为一个补充，需要转换思路，灵活应对。

4.3.3 南海油气资源开发：如何后发制人①

目前，油气资源的日益紧缺已成为危及中国能源安全的重要因素。2011年，中国原油产量为 2.04 亿吨，而石油消费达到 4.7 亿吨，石油对外依存度接近 57%，在购买原油上我国花了近 13 000 亿元。

缓解能源对外依存度的不断提升可以透过两个途径：一是朝国外走；二是朝海洋走。从朝国外走这条路来看，尽管中石油到伊朗等国外地区购买油田，但多数属于现采现卖，不一定运回国内市场，且比例很小。因此以"走出去"获取尽可能多的油气资源的路困难重重，因此需要加大海洋油气资源的开发力度。从长远来看，中国石油供给将以进口为主的趋势无法改变。2020 年石油对外依存度有可能达到 65% 以上，国内新老油田产量占比次之，而采自深海石油将仅次于国内陆上自产原油构成我国的能源安全的战略保障。

一直以来，我国海洋开采主要集中在近海、浅海，种种原因使得属于我国领土的南海在很大程度上被别人开采。从当前南海油气资源开发的现状来看：近 20 年以来，越南、菲律宾、马来西亚等国通过在我国领海进行大规模开采，在附近海域的油气构造上钻井超过 1000 口，已形成超过 5000 万吨的年产能，而 2012 年 5 月，中国才在荔枝湾建立"海洋石油 981"号深水钻井平台。

虽然起步较晚，但"海洋石油 981"的开钻具有重要意义，它为中国在南海油气资源开发领域实现后发制人走出了关键的一步。一旦开凿出油气资源，"海洋石油 981"号深水钻井平台将会为未来深海的油气开发提供丰富的经验和技术，通过实际运营，还可进一步完善钻井平台的装备等方面，为深海油气资源开发迈出更大步伐积累经验，提升中海油在全球海上原油开采领域的地位，至少将在技术上跟上 BP、壳牌等能源巨头。可以预计，只要条件允许、时间得当，未来或将有更多的深海钻井平台出现在中国广阔的海域。

反观越南、菲律宾、马来西亚等国的国有石油公司，虽然资金充足，但往往缺乏顶尖的技术，因此它们常常会和欧美能源巨头合作，借助其技术和资金，共同获取南海的石油收益。在深海油气资源开发这一领域上，东南亚各国自身的资金和技术和中国应该没有可比性。我们的"海洋石油 981"深海钻井

---

① 本部分内容来自作者发表于 2012 年 7 月 12 日《环球时报》上的文章，原题为《后发制人，铺大南海"摊子"》。

平台已经起步，虽然才刚起步，但在技术水平上肯定比越南、菲律宾、马来西亚等国强。

这两者的反差成为问题的关键。相比陆地油气资源，深海油气资源开发更是高风险、高投入，对开发技术要求极高。所以一直以来，东南亚国家才需要依赖欧美技术以实现南海石油收益的获取。如果我们向前看，随着中国政府在宣示南海主权问题上的进程加快，在下一轮的争夺中，跨国能源巨头将不得不考虑可能存在的政治风险，东南亚各国通过与之合作取得技术支持将变得越来越困难，毕竟主权争议的风险需要市场化经营的企业尽量避免。

从当前情况来看，一方面我们需要在南海主权问题上据理力争；另一方面我们需要积累深海油气开发方面丰富的经验和技术，形成自主开发能力，要在重视国际合作的同时抓好自主开发。对于我国来说，目前可行的策略是，在争议较小的地区通过国际合作先"铺摊子"并学习技术管理经验，为提升自营能力打下基础。而从长远来看，中国在南海实现油气资源开发的"后发制人"的关键在于能否在海油气资源开发技术上实现突破。

无论如何，南海石油开发让中国在解决南海问题上由以往的被动捍卫南海主权变为主动。但是，需要注意的是，我们要谨慎地对待深海石油开采对海洋环境的影响。在这方面，政府应加强相关法律的完善，"制人"的同时，能否合理、可持续地利用南海油气资源也需要我们给予足够的关注。

第 5 章
节能减排新思路

5.1 深化资源税改革

5.1.1 资源税还需要进一步改革①

改革开放以来，中国的工业化和城市化进程发展迅速，且具有高能耗、高投入的特点，导致国内能源需求的迅速增长。日益严峻的能源稀缺问题和环境问题，使得我国的能源资源税改革迫在眉睫。

政府于 2011 年 11 月开始对资源税进行改革，改革的重点是将原油和天然气的资源税改为从价计征，并将税率设置为销售额的 5%。2012 年 2 月资源税的调整范围再次扩大，国家全面上调铁矿、锡矿、钼矿、菱镁矿、滑石和硼矿的税率。其中，铁矿石的税率由原先规定税率的 60% 提高到 80%，而锡矿石税率提高幅度则较此前提高了 20 倍。这次调整税率的矿产品基本上属于重要的稀有金属战略性资源。

那么，为什么需要资源税？近年来，政府加大了对资源政策的改革，作为发展中国家，我国的资源政策研究主要关注可耗竭资源配置的公平、有效及可持续利用。矿产资源的可耗竭性意味着：当代人对矿产资源的消耗越多，后代人可以利用的资源就越少，其不可逆性令开发利用资源的当代人获得了收益，却将资源稀缺和环境成本留给了后代人。由于市场机制存在时间维度的缺失，致使后代人被排除在决策之外，导致他们的利益在市场配置资源时被忽视，这就是代际间的不公平分配问题。这种当代人的行为影响后代人的利益意味着经济学的外部性问题，矿产资源的代际外部性就是市场对矿产资源及相关的环境

---

① 本部分内容为作者发表于 2012 年 3 月 6 日《财经国家周刊》上的文章，原题为《资源税应尽快从价计征》。

空间资源在代际之间配置的失灵。

由于不可再生资源代际外部性的存在，即使满足完全竞争市场的假设，市场机制也无法进行有效的最优资源配置。经济学对此的解释是，因为现代人没有主动承担外部成本的动力，因此需要政府对外部性进行修正。但是，由政府修正外部性是有风险的，如果政策措施的设计或实施不恰当，会进一步扭曲市场，放大外部性。因此，政府在修正外部性问题时的政策手段设计显得尤为重要。政府应当尽量依靠相对市场化的政策措施来缓解市场资源配置的"失灵"问题。虽然解决外部性需要政府政策干预资源配置市场，但是，即使是处于经济转型期的发展中国家，依然只有立足于以市场为主、政府为辅的干预策略，才能有效地解决外部性问题，也就是说，政府应当使用市场化的资源税来解决资源外部性问题。

在利用不可再生资源的时候，我们需要考虑到其未来是可耗竭的。不同的开采利用进度意味着不同的经济成本和收益。换句话讲，资源的开采利用应当在考虑当前经济收益的同时，考虑到其对经济可持续发展的影响。资源税的目的在于通过提高资源成本，以提高资源的开采利用效率。对我国而言，能源安全非常重要，而最安全可靠的能源资源应当是国内的能源资源储备。通过提高资源税来提高资源的开采利用效率，可以说是减低国内资源储备日益增长压力的非常重要的手段之一。根据霍特林的"时间倾斜"理论，资源税收能够降低初期的资源产量而增加后期的资源产量，因此，资源税税收政策能够相应地控制资源的开采速度。

国外的相关研究与发达国家的发展经验都表明，资源税是补偿矿产资源耗竭性成本的重要经济手段，在促进资源可持续利用及保护环境方面均具有显著的政策效果。利用资源税的形式，提高当期的资源利用成本，以体现资源耗竭成本，就能实现外部成本的内在化。具体来说，就是以征收资源税的方式使当期的资源使用者付出其所得收入的一部分，并将这部分收入再投资于可耗竭资源的可持续利用领域，以矫正资源配置的代际不公平问题。同时，成本的提高还能促使当代使用者提高资源利用效率、抑制过度需求（包括抑制资源性产品出口），有助于将资源消费控制在一个合理的水平，实现不可再生资源的可持续利用。

资源税的关键在于设定适当的计征方式及税率。我国此次资源税调整范围的再次扩大，释放了我国将加大重要战略性资源保护力度的政策信号，但是其计征方式仍需要讨论及进一步改革。资源税的计征方式主要有两种：从量税和从价税。中国按销售量计征的能源资源税（包括煤炭、石油和天然气）自1994年起实施，之后屡次调整税率，在促进能源资源的有序和合理开采及行业的可持续发展等方面取得了一定功效。

随着能源产量快速增加、资源与环境的压力日益增大，从量计征资源税的弊端日益显现。首先，由于从量计征的资源税根据销售量征收，对销售价格的变动缺乏直接影响，而价格是市场中最为关键的因素，如果资源税不能反映价格变动，则其促进资源优化配置及提高资源利用效率方面的作用将受到约束。特别是在当前能源价格处于高位时，低能源资源开采利用效率导致的外部性影响更为显著。其次，在能源价格大幅度上涨的情况下，从量征税无法从税收上反映价格变动，会进一步削弱资源税对资源利用效率的影响。最后，不同品质的能源品种的销售价格有高低之分，从量征税割裂了价格与税收之间的联系，既无法通过价格体现资源自身的价值高低，也有悖于资源稀缺性的基本原则。

相比之下，从价税可以弥补从量税的上述问题。第一，从价税伴随价格波动的特性，能够使价格更灵敏地反映市场供需信号，促进能源资源的有效配置，提高资源利用效率并遏制浪费，与节约型社会转型的发展目标吻合。第二，税额随价格波动而变化，保证了与能源价格上涨相对应的税收收入。第三，税额随商品价格（同时可以作为商品质量的体现）而变动，能够合理反映不同能源资源产品的质量差异，体现了税收的公平性原则。而且，同从量税相比，从价税能够获得更高的税收收入，带来更高的社会福利。

综上所述，从价税形式的资源税弹性更大、更灵活、更符合经济学原则，实施从价税将对能源产业链的效率，以及能源结构的改善产生积极影响。因此，我国资源税应当尽快向从价税过渡。

5.1.2 资源税进一步改革是将煤炭纳入改革[①]

2011 年 11 月 1 日，修订后的资源税暂定条例正式施行。此次资源税改革的重点是将原油和天然气的税率由每吨最高 30 元更改为销售额的 5%，即改从量为从价计征。此次改革大幅度地提高了石油和天然气的税负，其目的主要是为了提高资源开采利用效率，促进节能减排。

然而，此次资源税改革没有将煤炭纳入改革范围，根本原因是政府希望避免改革对经济造成比较大的影响。煤炭在我国一次能源消费中占到了 70%，并提供了 80% 的电力。近几年随着煤炭需求的大幅度增长，煤炭市场基本上是卖方市场，资源税改革导致的新增成本可能会比较快地转嫁给终端消费者，

---

① 本部分内容为作者于 2012 年 2 月 9 日发表在《中国科学报》上的文章，原题为《下一步资源税改革应纳入煤炭》。

从而推高整体能源成本。然而，即使从价煤炭资源税的确会对经济产生一定的负面影响，如果考虑其对资源和环境及产业结构调整的积极影响，政府需要在下一步资源税改革中将煤炭改为从价计征。

政府对资源税改革将推高我国整体能源成本的担忧是可以理解的。由于资源市场卖方主导，因此无论转嫁的速度和幅度如何，资源税最终都将由消费者买单。但是，资源税将通过提高产业链的开采成本和生产成本提升资源开采和利用的效率，较高的资源性产品和替代产品的价格可以抑制需求和鼓励节能。此外，由于资源的不可再生性，提高资源开采利用效率，有利于减少资源的稀缺性带来的价格压力，从而减少资源产品涨价压力。因此，如果资源税可以有效提高资源开采利用的效率，那么长期而言，其对能源成本不一定会产生负面压力。

随着煤炭行业整合，我国煤炭资源基本由大型国有企业垄断经营，征收从价煤炭资源税也有利于减少垄断租金，以及由于资源垄断获得的超额利润。煤炭从价资源税能够改变过去从量资源税对煤炭价格不敏感的现象，增加税负弹性，促进煤炭企业有效开采利用资源，从而可以有效地将煤炭企业的短期生产目标与资源有效利用的长期目标联系起来。进一步说，如果地方政府认为资源税对某些群体和某些方面有过度的负面影响，可以用煤炭资源税收进行有针对性的补贴，包括环境治理和资源省份的经济转型。因此，资源税可以提高煤炭开采率、优化煤炭资源和资源收入在代际之间的配置，具有可持续发展的意义。

除了从价计征，资源税税率应该也是改革的一个重要方面。过低的税率对提高煤炭资源开采利用效率起不到作用。但是鉴于我国煤炭在经济发展中的重要地位，较高的税率仍需要考虑宏观经济对煤炭资源税的反应。所以，资源税改革需要兼顾税率的有效性和经济对能源成本的敏感性。比较保守的选择是，在开始时仿照油气资源税税率，将煤炭资源税率设在 5%，以后再逐步提高，这样其对宏观经济的影响应该是可以承受的。国际经验也表明，征收从价资源税的确可以提高资源开采利用效率，具有显著的环境效益。资源较稀缺的日本和欧洲的能源税负较重，而资源比较丰富的美国、加拿大、澳大利亚等国家则相对较轻。能源重税政策并未削弱日本及欧洲各国的生产竞争力并增加社会问题，相反，这些国家的能源利用效率要远远高于美国。

显然，任何税收都不会是中性的，资源税改革必然伴随着利益的再分配，导致利益博弈。由于资源税是地方税，资源税改革可能导致中央对地方的让利，导致省际之间（资源输出省和资源净购入省）、企省之间（尤其是中央能源企业和地方政府）的博弈。在我国特定的情况下，这些博弈短期内会带来短期的分配问题，甚至由于扭曲而带来成本。但长期而言，资源税会提高资源成本，从而促进资源的有效开发利用，这是确定的，这就是为什么需要资源税改革。

可以预见，我国未来的资源税改革将会集中在两个方面：将煤炭及其他资源产品（如稀土）纳入从价计征，以及进一步提高资源税率。政府采取渐进地提高资源税率，主要是为了兼顾社会承受能力和效率，对政府而言，关键是如何权衡公平与效率。当然，提高能源效率和减轻社会负担常常是两难的政策选择，要求政府在效率与公平、短期影响与可持续发展进行平衡。资源税改革只要目的明确，设计合理，许多问题和可能的缺陷可以在推出后的实践中逐步解决并完善。

5.2　减免消费税和进行有目标的价格补贴

政府从 2012 年 3 月 20 日起将全国汽油、柴油最高零售价每吨提高 600 元/吨。由于此次调价涨幅超过市场预期，且调价后，多地 93 号汽油价格突破每升 "8 元" 的大关，因此，此次调价不但引发了国内各界的广泛关注和民众的牢骚与质疑，国外媒体也纷纷以 "中国油价高出美国" "此次调价是一次大胆的举措"、"高油价打击亚洲消费者" 等醒目标题大幅重点报道了此次调价。

如果对伊朗的石油制裁演变为大规模冲突，进而引起中东动乱，那么全球的原油供应势必受到重大影响，油价也将在市场恐慌中急剧上涨。事实上，仅伊朗问题的不确定性就足以使油价坚挺。基于目前的宏观环境，如果油价真的进一步上涨，政府将面临如何进一步调整油价的问题。由于 2009 年改革以前需另交养路费，相对同一水平的国际油价，现行机制下的成品油价格会更高。因此，政府将面临如下考验：如果选择价格管制，那么，如何处理亏损和补贴？如果选择继续执行价格机制，又如何应付高油价相关的社会问题？

2009 年启动成品油价格机制改革以来，改革的整体实行效果显著。但在实施的过程中，与国际原油价格变化相比，我国的调价存在着明显的滞后性。近期，在国际油价快速走高的背景下，政府已经无法严格按照国内成品油定价机制来调高成品油的价格。尽管如此，我国成品油价格依旧高于美国，并再次成为老百姓的关注的话题。而石油行业的垄断和盈利也引起公众对调高成品油价格的质疑。要想了解我国目前成品油价格的构成，理清围绕成品油调价的热点问题，我们需要过对调价后的中美油价有一定的认识。

我们需要明确的是，税收是导致中美两国油价差异的主要原因。以 2012 年 3 月 19 日中美油价为例。当天，美国普通汽油的周平均零售价为每加仑

3.87 美元，折合人民币为每升 6.44 元；而在经过调价后，我国平均 93 号汽油的价格约为每升 8.00 元，我国汽油价格比美国每升高 1.56 元。而根据美国 API[①] 的统计，当时，美国联邦税和州税平均为每升 0.81 元，比中国低 1.32 元。去掉汽油税差异，两国的汽油价格基本一致。

那么，我国比较高的税收是否合理？我们发现，如果去掉养路费部分，中国汽油税与美国汽油税就很接近，因此认为，我国比较高的税收并非不合理。在经济高速发展的阶段中，公路发展有其必要的超前性，这就影响了其经济性，导致高路桥费。如果政府不能为高路桥费买单，消费者就得付费。如果需要收费，那么费改税是一个比较好的选择，因为它可以让消费者有一个选择，即开"多少"车和"什么样"的车，它是提高能源效率和促进节能减排的一个主要措施，同时还支持了社会公平。如果燃油税是用来满足公路养护和建设费用，那么，用多少路，负担多少费用也是公平的。因此，这一部分的中美差别应该是中国阶段性经济发展所要求的。

为了应对国内高油价，政府可以考虑减免消费税和进行有目标的价格补贴。一方面，目前我国的汽油税高于美国，为了降低国内油价，政府可以考虑降低消费税。因为如果我国将税收降低至美国水平，就可以为进一步调价提供比较大的空间；另一方面，我们不反对油价补贴，但是反对直接针对油企的无目标补贴。政府应该采用有目标的补贴，即考虑不同收入群体的承受能力和发展的重要性，以公平和效率。

5.3　碳排放权交易

2012 年，国家发展和改革委员会宣布将在北京、天津、上海、重庆、湖北、广东及深圳六地区开展区域碳排放权交易的试点，这不仅标志着中国在"碳减排"方面迈出了实质性的重要一步，也标志着中国开始借助市场化机制来进行"碳减排"的尝试。对于国际社会来说，中国政府通过区域碳排放交易市场的建设，将逐渐建立并完善可测量、可报告、可核实的温室气体排放核查制度，这不仅进一步显示出中国参与全球应对气候变化努力的政治意愿，还提供了更加可靠、可信的评估中国政府温室气体减排政策的具体路径和绩效的技术手段。

---

① API：American Petroleum Institute，美国石油协会，是美国工业主要的贸易促进组织，又是集石油勘探、开发、储运、销售为一体的行业协会性质的非营利性机构，创立于 1919 年，总部设在华盛顿，在达拉斯设有分支机构。

1. 碳排放权交易介绍

碳排放权交易的概念来自于排污权交易，其实质就是参照产权理论建立起来的解决全球气候变化（公共物品）这一环境问题的市场化机制。根据产权理论中的科斯定理，只要各国通过国际谈判，建立一个相应的国际制度框架并确定保护环境的目标，使得环境容量成为一种稀缺资源，那么在明确界定各国利用环境容量的权利（资源产权，即排放权分配）的基础上，通过排放权的转让交易就能够促进环境容量资源的合理配置，实现污染治理和减缓全球气候变化等环境问题的国际治理。

碳排放权交易作为排污权交易的一种，大致存在着三种交易模式："总量限制-交易""基线和信用"和"抵消"模式。

"总量限制-交易"模式也被称为基于配额的碳交易市场。它主要是通过设置一个排放量上限，并以此为基础将其分配给各减排主体，每个具有减排义务的主体都将分配到一定额度的配额。在履行期限内，各减排主体必须按照特定的程序监控并计算其实际排放量，在期限届满之日，须向有关主管当局提交等于其实际排放量的配额。如果减排主体的实际排放量大于其配额持有量，那么减排主体就必须接受惩罚或者通过排放权交易市场来购买其他减排主体多余的配额（实际排放量小于配额持有量）以完成减排任务。

"总量限制-交易"模式的目的是实现减排主体的减排成本最小化。因为不同减排主体的减排成本存在差异，无法通过自身减排完成任务的减排主体可以从市场上购买超额完成减排任务的减排主体所剩余的配额以满足所需的额度，而市场上购买配额的成本将远低于自身减排的成本。这种模式对于公众来说最容易理解，但对于政府而言却是最难以实施。因为这种模式是强制性的，不仅需要立法保障，而且需要建立一套完善的监测体系，更重要的是它还涉及配额如何在不同行业、不同地区及更为微观层面（企业）的分配问题。不同的利益集团为了减少减排成本，会在配额分配问题上进行激烈的博弈。

"基线和信用"模式稍稍复杂一些，主要涉及具体的减排项目，也被称为基于项目的碳交易市场。它通过所谓的"方法学"（也就是一系列的规范和准则）为不同类型的项目划定一条基线（正常生产活动未采取相关减排措施时所产生的温室气体排放量），然后通过技术改造等手段进行减排项目，由专门机构按特定程序进行监测和计算其实际排放量，在履行期限届满时，有关管理当局对该时期内项目的实际排放和基线进行比较后，那些实际排放低于基线的项目就能够获得等于二者差额的减排额度，并自由交易其所获得的额度。

"抵消"模式的排放权交易相对两外两种显得更加复杂一些，该模式是用来抵消新的碳排放源的额外排放，以及现存量排放源的扩大排放。在该机制下，那些对新的或扩大排放承担责任的实体可购买等于现存量的排放源所获得的减排量。这种对新的碳排放源或现存量的扩大排放要求抵消的规定是强制性的，而现存量排放源是否进行减排是自愿的。实际上，现存量排放源获得了等于据以计量其减排额度的基线的免费额度。对于新的或扩大排放源来说，其基线是它们不需要进行抵消的允许可排放额度。

2. 国际碳排放交易体系

目前，国际社会解决温室气体排放问题的制度的基本框架是 1994 年签署的《联合国气候合作框架公约》，以及在第三次公约缔约方会议上通过的旨在限制发达国家温室气体排放量的《京都议定书》。

国际社会通过国际气候谈判对全球变暖问题达成初步共识，并签署了和提出了温室气体减排的全球行动计划。《京都议定书》不仅确立了发达国家在第一承诺期内（2005～2012 年）温室气体减排的目标，还提出了灵活减排机制（也称为京都机制），即联合履行机制（JI）[①]、排放交易机制（ET）[②] 和清洁发展机制（CDM）[③]，用以推动发达国家完成相应的减排目标。《京都议定书》提出的灵活减排机制的核心是排放交易机制，而联合履行机制和清洁发展机制主要是作为降低发达国家减排成本，同时向非发达国家推广减排技术，并推动全球减排的一种辅助手段。

在此基础上，国际上已经建立起了一系列的碳交易平台，并逐渐形成以欧洲和北美两个区域性交易市场为核心的国际碳交易体系。从目前所进行的各种尝试来看，根据减排强制程度、交易标的物种类和市场范围，碳排放交易市场基本上可分为三种类型。

第一类就是以欧洲碳排放交易市场（EU ETS）为代表的强制碳排放交易市场。EU ETS 的成立是以欧盟的立法为基础的、强制性的、跨国的区域碳交易市场。其所采用的交易模式是"总量限制-交易"，其交易的标的物是减排额度，也称为碳信用，包括：由欧盟分配给各个国家、再由各国分配给相关行

---

① 联合履行机制：国家之间以项目为基础的一种合作机制，目的是帮助一国以较低的成本实现其量化的温室气体减排承诺。减排成本较高的国家通过该机制在减排成本较低的国家实施温室气体的减排项目。

② 排放交易机制：促进全球温室气体减排，减少全球二氧化碳排放所采用的市场机制。把温室气体排放权作为一种商品，从而形成了温室气体排放权的交易。

③ 清洁发展机制：1997 年《联合国气候变化框架公约》第三次缔约方大会（京都会议）通过的实现减排的一种履约机制，其主要目的是：a. 协助未列入附件 I 中的缔约方（即发展中国家）在可持续发展的前提下实现减排，并从中获益；b. 协助附件 I 中的缔约方（即发达国家）遵守其排放数量限制，实现其减排承诺。其核心内容是允许发达国家与发展中国家进行项目级的减排量抵消额的转让与获得，在发展中国家实施温室气体减排项目。

业和企业的欧洲排放配额（EUAs）、由参与的减排主体收购的清洁发展机制下经核证的减排量（CERs）或联合履行机制下的减排配额单位（AAUs）及自愿减排交易市场的各种自愿减排量（VERs），其市场范围主要以欧盟为主，但通过清洁发展机制和 JI 机制可以基本上覆盖全球。

目前，欧洲碳排放交易市场已经在开展第二阶段的交易，参与减排的主体涉及各个主要的温室气体排放部门，如炼油厂、炼焦厂、小型电厂、钢铁厂、水泥厂、玻璃厂、陶瓷厂及纸浆造纸厂等，共包括欧洲大约 11000 家企业，其二氧化碳排放量占整个欧洲排放量的 46%。未来第三阶段还将涵盖石油化工、航空与航运及农业与垃圾处理等行业。同时，欧洲的碳排放交易已经形成了场外、场内、现货、衍生品等多层次的市场体系，主要的交易市场包括伦敦能源经纪协会、欧洲气候交易所等 8 个交易中心，并推出了碳排放权期货、期权等衍生碳金融产品，交易金额已经达到数千亿欧元，占全球碳交易额的 90% 以上。

第二类则是以芝加哥气候交易所（CCX）为代表的自愿碳排放交易市场。自愿碳排放交易市场建立在具有一定法律约束的自愿承诺减排行为的基础上，由自愿减排体系参与方或者自愿减排者（非政府组织）与发展中国家开展清洁发展机制项目合作，并认购由这些项目产生的签发的减排额度，或者由参与方按照某些认证机构标准（如黄金标准等），开发减排项目来获得相应的自愿减排量，并且通过自愿减排交易市场进行买卖流通。比如，芝加哥气候交易所采取的是会员制，即由会员参与交易机制的设计和市场管理，并形成一套完整的交易规则。芝加哥气候交易所要求会员通过自愿减排手段或碳补偿交易来实现承诺的减排目标，同时也允许那些已经超额完成减排义务的会员将多余的减排份额有偿地转让给那些达不到减排目标的会员。芝加哥气候交易所包含两种截然不同的联系机构：一种是会员，包括企业、城市和其他排放温室气体的实体，会员必须遵守相关年份的减排承诺；另一种是参与者，主要提供境外温室气体减排合作项目的补偿交易（加拿大、墨西哥和巴西作为补偿交易参与方）。芝加哥气候交易所现有会员近 200 个，分别来自航空、汽车、电力、环境、交通等数十个行业。

第三类则是介于两者之间的半强制性碳排放交易市场，它以美国区域温室气体减排创新方案（RGGI）为代表。该方案主要是针对电力企业的"碳减排"，目前覆盖美国康涅狄格州、缅因州、马萨诸塞州、特拉华州、新泽西州等 10 个州。各州采取自愿参与的方式加入该框架，但是一经加入就必须履行严格的、具有法律约束力的减排义务。美国区域温室气体减排创新方案提出的目标是，在 2019 年前将区域内的温室气体排放量在 2000 年的排放水平上减少

10%。其中，第一阶段的目标是，到2014年，10个州的二氧化碳排放量控制在每年1.88亿吨之内，而后2015～2018年，排放量每年减少2.5%。根据规定，各州至少要将25%的排放配额通过拍卖来进行分配，而且如果某一发电企业到2011年还没有持有排放指标却仍继续排放二氧化碳，届时将面临州政府的巨额罚款，到时必须付出比初始拍卖价格高出3倍的价钱来购买新的排放配额。

3. 我国的碳排放交易进程

2008年至今，我国相继建立了北京环境交易所、天津排放权交易所、深圳排放权交易所、上海环境能源交易所，并开始了碳排放权交易。但是由于我国目前尚未制定强制的减排目标，截至目前，上述交易所的交易主要集中于节能、环保技术的转让，排放权交易的规模仍然十分有限。因此，总的来说，我国的碳交易市场建设仍处于探索阶段，采取何种交易模式仍有待深入探讨。

从减排的效果来看，欧盟排放交易市场的效果较为理想，但是成本也较高，而且对能源市场化程度的要求也很高（排放权定价很大程度上是以能源价格市场化为基础的），对目前处于城市化、工业化中后期的中国来说，采取这种模式的可能性较低。从市场建设的角度来看，类似芝加哥气候交易所这样的交易市场，是目前较为可行且成本可控的模式，而且国内的四大环境交易所已经开展了大量的前期工作，具有一定基础，可以进一步加快发展。另外，如果中国被迫进行强制减排的话，那么考虑到中国区域经济发展和资源禀赋的不平衡性，以及能源市场改革的局限性，参考美国区域温室气体减排创新方案进行区域强制性碳排放交易的尝试也是有可能的。比如以电网规划为基础划定某一区域（如华北地区）进行能源以及碳交易的综合试点改革，在尽量不影响社会经济发展的前提下，开展强制性碳排放交易。

从目前的情况来看，开展区域碳排放权交易试点的六省市都还没有拿出具体的实施方案，而国际上也没有现成的解决方案供我们参考和借鉴，因此，国内碳交易市场建设应遵循由简到难，由浅入深，循序渐进的原则，不宜搞大跃进式的建设。这样才不会增加中国社会经济发展的成本，也不容易在未来的国际气候谈判中陷入被动。而且，从目前国内各省市开展碳排放清单编制的工作进度来看，中国仍未具备类似欧盟或美国的比较先进的交易制度和配套，如果不具备必要的客观条件而盲目推进碳交易市场，最终将导致市场发育不健全，减排效果未得到充分切实的体现。

5.4 原油期货交易

5.4.1 我们是否做好了建设石油期货市场的准备[①]

2012 年以来，我国建设原油期货、参与国际原油定价的战略构想的实施步伐加快，政府相关部门高层发出我国将今年内推出继美国、英国后的第三个全球性原油期货市场的信息。目前有人认为，中国将启动石油期货交易，以后成品油定价可以与石油期货联动。但是对我国而言，是否做好了建设石油期货市场的准备？建好以后又有何影响？这些问题都需要好好考虑。

1. 我国建设原油期货市场的动机和环境

从世界石油价格体系的演变进程看，成熟的原油期货市场对石油现货市场有很大的影响。尤其是公开竞争市场中的期货价格，往往被视为国际石油现货市场的参考价格，原油期货具有重要的价格发现功能。近年来我国石油对外依存度不断提高，通过建设原油期货市场来谋求在价格上影响力一直是我们的希望。然而，即使原油期货市场的建立相对容易，且有许多发达国家的经验可以借鉴，但我们依旧需要正确、深刻地认识我国原油期货市场建设的动机和环境。

首先，我们要辩证地看待所谓的"争夺石油价格话语权"问题。中国的成品油市场虽然庞大，但是建立原油期货市场，不等同于掌握了石油话语权。对于不可再生资源，买家难言话语权，资源越是稀缺，卖方市场特征就越突出。现实中，即使欧美建立了原油期货市场，也不意味着它们有石油价格的话语权。但是拥有一个有效的原油期货市场，在一定程度上能够影响国际石油定价。对于石油价格风险，发展期货市场或许可以为国内石油企业提供避险的场所，有利于完善能源安全体系。

其次，从国际经验看，从推出原油期货合约到成为国际主要定价基准油，需要经历一段相当长的时间。因此，我们必须清楚地认识到中国的原油期货市场会有一个较长时间的发展过程，市场需要时间来发展和不断完善。现在推动原油期货的主要意义、在于参与国际石油"定价"，这应是"发展"和"向前

[①] 本部分内容为作者发表于 2012 年 5 月 16 日《中国证券报》上的文章，原题《推出原油期货重在培养"人气"》。

看"的功能定位。

2. 原油期货市场建设过程中需要考虑的问题

虽然建设原油期货市场对我国石油市场是一个机遇,但机遇与挑战并存,在建设石油期货市场的发展进程中,还有许多的问题亟待解决。

首先,交易是否活跃是期货市场运行成功与否的重要标准。只有大量频繁的交易才能实现期货市场的保值与价格发现功能。期货市场交易活跃程度的前提需要发达的现货市场做支撑,一方面需要大量的市场参与者;另一方面需要现货市场有较高的市场化程度。我国 20 世纪 90 年代,炼厂、油田均是独立法人,原油期货市场上存在大量交易主体。但是近年来国际国内环境发生巨变,国内石油价格正逐步与国际价格水平接轨,市场交易主体数量大量缩减。目前我国的石油勘探开发、炼制以及石油化工基本被三大石油公司(中石油、中石化、中海油)所控制,具有原油进口权的也基本上只有这几家公司。这样的市场背景下,如何吸引国内外石油生产商、炼油商、贸易商积极参与我国原油期货市场是一个至关重要的问题,否则,缺乏参与主体将成为我国建设全球性石油期货市场的关键性障碍。

其次,市场化程度不高是束缚国内市场主体参与的重要瓶颈。从我国目前的石油对外依存度来看:我国石油一半以上来自进口,但目前进口原油不能进入市场流通,只能交由中石油、中石化炼厂加工;国内自产部分,由于三大油企均采取上下游一体化战略,上下游之间存在内部调拨。在这样的体制下,无论三大油企还是地方炼厂参与套期保值的意愿都不高。尽管通过保税交割机制,可以在制度上为地方炼厂等主体参与期货交易减少障碍,但参与意愿的提高需要进一步深化石油市场改革。然而在国内的市场背景下,这一改革将是一个非常漫长的过程。

另外,建立原油期货市场,需要吸引境外投资者,这就涉及标价与结算货币的问题。由于我国资本项目下人民币不可自由兑换,这将影响未来国际投资者参与国内石油期货市场的意愿。因此,需要依据原油期货市场发展的不同时期,对市场参与者类型的阶段性特征来权衡标价和结算货币的选择。

归根结底,要发展原油期货市场,解决石油期货市场将面临的难题,就要放开市场,进行石油行业体制改革,让更多的民营外资石油相关企业参与进来,提升市场活跃度。这涉及各方面的种种考虑,并可能导致与目前一体化垄断油企更深层次的博弈。若将解决问题寄希望于这个层面的博弈,原油期货市场推出短期内很难有效。

另一个解决方案是通过引进外部主体,将我国的原油期货市场做成离岸交易市场。这个方案同样充满不确定性。如果政府希望尽快推出原油期货市场，时间紧迫，操作层面的权衡与建设原油期货的初衷需要慎重考虑。因此，根据目前我国石油行业体制和特征，引进外部主体可能是相关方侧重考虑的措施。从现状看，无论引进外部主体还是鼓励内部参与，我国的石油期货的市场号召力存在一定限制和困难。因此，为避免今后交易量过低、市场化程度不高的可能，推进石油期货市场需要考虑更多我国现实性问题。

总的来说，根据目前的市场条件，推出原油期货后，可能面临的主要问题还是如何提高国内参与者的参与意愿，如何提高市场化程度及如何防范引入国外参与者之后可能出现的系统性风险等。开放原油期货市场建设，某种意义上说是国内原油市场与国际原油市场的接轨过程。因此，要使中国的原油期货市场真正发挥作用，需要相应的配套改革，同步推进石油领域的市场化改革，完善成品油定价机制、加快石油流通体制改革，改革现有的石油产业管理体制和市场准入机制。

5.4.2　建设原油期货市场：重在参与[①]

通过建设全球性原油期货市场谋求价格上的话语权一直以来都是我国政府的希望，因为能源安全不仅仅包括供给安全，也包括价格安全。这种愿望随着油价的走高变得强烈。2008 年前后原油期货合约一度曾呼之欲出，但之后受金融危机的影响，出于对金融市场过度发展及冲击实体经济的反思，我国原油期货市场的建设进程一度搁置。而之后国际市场原油价格维持了一段时间的低位，政府也就没有太多的动力去推动这个进程。

上海期货交易所的燃料油期货市场，已经运行有一段时间了。更早一些，其前身——上海石油交易所在 1993 ~ 1994 年曾推出过原油、汽油、柴油等石油期货品种，当时交易运行的情况也还不错，交易量甚至一度超过新加坡国际金融交易所，但是后来国家出于规范市场与加强价格管理的需要，关闭了相关的市场交易。总的说来，我国在石油期货领域已经进行的一些尝试，为我国建设全球性原油期货市场积累了一些经验教训和相关人才。

但是目前，我国建设原油期货市场主要应当还是"重在参与"。这里的"重在参与"包含两重含义。

第一，参与确实重要。从历史上看，在国际石油价格经历从"市场供需为基础的多元定价体系"向期货价格主导的体系演变过程中，欧美建设原油

---

① 本部分内容为作者发表于 2012 年 5 月 3 日《中国科学报》上的文章。

期货市场的活动起到了重要作用。而且，当前的国内外环境，对于推进我国的全球性原油期货市场建设是一个机遇。

第二，需要对所谓的争夺石油价格话语权有一个正确的认识：即使建立了原油期货市场，也不就意味着在石油价格话语权。即使是当前运行最成功的布伦特（Brent）价格与WTI价格之间，也在很长的时间里存在着价格差。对于不可再生资源，买家难言话语权，但从欧美的经验看，建设原油期货市场应该可以影响国际石油价格。

近两年国际原油价格进入新一轮的上升通道，我国石油对外依存度不断提高，国内外的能源背景迫使政府重新考虑推进建设原油期货市场。

首先，石油对外依存度的提高将使得我国经济发展对国际油价的波动越来越敏感，而作为世界第二大石油进口国，在国际石油市场价格影响力的缺乏是我国进口原油成本比较高的可能原因之一。我国进口原油的平均成本高出美国每桶1.7美元，如果按照我国现有的进口量计算，我国每年要多付出31亿美元。

其次，对于我们的石油价格风险，发展期货市场或许可以为国内石油企业提供避险的场所。近一段时间来，WTI价格与布伦特（Brent）价格保持着一定的差距，美国的一些做法如增加石油储备，调整石油来源等，值得我们借鉴。

最后，从时机上来说，原油价格的话语权往往在价格高涨的时候才会引起关注。因此，目前走高的国际石油价格和我国不断攀升的石油对外依存及原油进口成本，的确为我国建设全球性原油期货市场，提供了机会。

5.4.3　我国石油期货任重道远[①]

推出石油期货可以提升我国在石油领域的影响。但是从国际经验来看，从推出原油期货合约到成为国际主要定价基准油，需要经历了一段比较长的时间，因此，中国的原油期货市场也会有一个发展过程，所有急功近利的想法都需要抛除。现在推原油期货主要的意义在于参与国际石油"定价"，应该是一种"发展"的"向前看"的定位。

通过石油期货参与国际石油定价确实重要，在国际原油市场上，我国需要能够有自己的声音。2011年我国原油产量已达2.04亿吨，同比增长0.3%，石油消费4.7亿吨，石油对外依存度达到了57%，购买原油花了近13 000亿元人民币。因此，除了通常意义上的能源安全风险，我国石油的价格风险也很

---

① 本部分内容来自于作者发表于2012年6月8日《中国证券报》上的文章，原题《推动原油期货配套改革需跟进》。

大。从石油价格历史上看国际石油价格体系演变过程，欧美建设原油期货市场的活动起到了重要作用。

直观地说，中国的原油期货市场需要面临两个阶段。首先是"立足"阶段，即原油期货市场建立了，但要站得住脚。其次是发展阶段，就是逐步增加影响力，这个阶段的问题主要是通过"坚持"和不断完善来解决，同时需要摸索开放条件下期货市场建设与监管的经验，整个成长过程可能是艰巨而漫长的。原油期货市场的建立可能相对容易，因为有许多发达国家的经验可以学习，但是让市场的建设监管与我国现行的行业体制和政策环境相适应，就非常不容易了。此外，参与石油定价还应该"多管齐下"的，美国近年来的一些做法如增加石油储备，调整石油来源等，值得我们借鉴。

目前我国的石油勘探开发、炼制及石油化工基本上被三大石油公司控制，具有原油进口权的也只有五家公司，这样的体制大背景下，如何吸引国内外石油生产商、炼油商、贸易商积极参与石油期货市场是一个比较困惑的问题。石油期货如果可以提供灵活性而且成本又不大，民营炼厂应该是有动力参与的，目前他们只能够加工燃料油，当然在机制上需要配套一些调整。

在吸引境外投资者方面的考虑，需要在标价与结算货币的考虑中体现出来。由于我国资本项目下人民币不可自由兑换，一旦推出石油期货合约，将面临如何结算的问题，这一方面需要根据参与者的不同类型进行考虑。如果采取美元结算，国内的参与者面临外汇监管的问题，如果采用人民币结算，国外参与者由于我国资本项目下人民币不可自由兑换，利率未市场化面临利率汇率的双重风险。因此，需要依据对原油期货市场发展的不同发展期市场参与者类型的阶段性特征加以权衡。从规避风险的角度来说，主要还是通过监管抑制过度投机。通过改革使得原油标价货币在资本项目下可自由兑换，应该是一个更大范围内的改革问题。

另一方面，还存在如何进行监管的问题。需要建立一整套限制市场过度投机的体制，如美国商品期货交易委员会（CFTC）的投机持仓限制等。对外开放下的监管机制建设对于整个中国期货市场都是新的挑战。

按照目前的市场条件，推出原油期货后，可能会出现许多问题，主要的还是目前市场条件下国内参与者参与意愿，以及如何防范引入国外参与者之后的可能出现的系统性风险。因此，要使中国的原油期货市场真正发挥作用，显然需要相应的配套改革。总而言之，我国的原油期货有很长一段路要走。

第6章
新能源行业发展

6.1　行业情况

6.1.1　新能源产能过剩[①]

产能过剩是经济快速发展阶段的一个基本特征。简单说，如果一个行业在一段时间内保持两位数增长，企业相应扩张，那么一旦经济下滑，行业需求下降，该行业的产能就会大幅度过剩。这就是经济快速发展阶段大涨大落问题。产能的绝对量过剩与经济和产业规模相关，产能的相对过剩则与经济发展速度相关。只不过，我国新能源行业中地方政府和国有银行的参与放大了产能过剩的可能性和规模。市场机制作用虽然无法完全解决现阶段产能过剩，但可以缩小过剩。

中央经济工作会议在部署 2013 年经济工作时提出要加快调整产业结构，提高产业整体素质，把化解产能过剩矛盾作为工作重点。从目前的行业现状来看，部分战略新兴产业，如风电、光伏等，产能过剩情况非常严重，中央经济工作会议"治理产能过剩"这一定调将对风电和光伏的发展产生一定影响。如何客观看待这些行业的"产能过剩"及如何进行治理，是当前国家需要考虑的重点问题之一。

我国能源以煤为主，从低碳发展出发，理论上说，风电、光伏等新能源应该是越多越好。那为什么会"产能过剩"呢？新能源产业链大致可以分为研发、设备制造和终端利用三个部分，所谓的产能过剩，其实是我们设备产得多、用得不够，是设备制造环节的过剩。这一点，通过对光伏、风电的产业历

[①]　本部分内容为作者发表于 2012 年 12 月 24 日《中国能源报》上的文章，原题为《治理新能源产能过剩重在有序发展》。

史作一简要分析就能看出。

　　光伏产业作为新兴能源产业，起步于 21 世纪末。近年我国光伏产业大幅扩张的动力可能与清洁发展相关，但国内光伏的终端利用市场刚刚开启。由于成本和电价问题，国内需求非常有限，光伏产能主要依靠国外市场来消化。由于美国和欧盟各国对光伏产业的支持政策和补贴和随之而来的市场需求，的确给早些进入市场的光伏企业提供了比较丰厚的利润和扩展空间。能赚钱又符合低碳发展观念，在地方政府的支持下，国内投资蜂拥而上，大量企业迅速进入光伏制造业领域，产能急剧扩张。然而，金融危机和欧债危机迫使欧美政府纷纷调低光伏补贴政策，光伏市场萎缩。而随后奥巴马重振美国制造业所形成的舆论氛围以及欧盟迫于内部光伏企业压力相继启动的对中国的"双反"调查，更是导致我国光伏海外市场的进一步萎缩。于是，新兴的光伏产业步入了国内产能大、市场小，国外市场急速萎缩的尴尬境地。

　　中国政府之前作出到 2020 年非化石能源占一次能源比重达到 15%、单位国内生产总值二氧化碳排放比 2005 年降低 40% ~ 45% 的承诺，使得风电作为一种在目前技术经济条件下能大规模开发的新能源不断受到追捧，装机也呈现爆发式的增长。仅 2010 年一年新增风电装机容量就达到 1800 多万千瓦，累计装机容量突破了 4400 万千瓦。政策的鼓励加上对风电未来快速发展的预期带动了风电设备制造业的繁荣。但是风电并网对电网有影响，由于缺乏对电网成本的考虑，发生了风电脱网事故和比较普遍的弃风现象。2011 年国家收紧了风电产业政策，缩紧风电审批，国内立即呈现风电设备需求不足。为消化产能，国内各主要风电整机及零部件制造商纷纷将市场开拓重心转向海外，2011年风电机组出口容量相比 2010 年增长 14.1 倍，达到 22.1 万千瓦。产能过剩导致的恶性竞争及美国国内贸易保护主义抬头，导致美国启动了对中国风电设备的双反调查，风电设备出口遭遇巨大阻力。国内需求急剧萎缩，国外市场进展不顺，有消息表明，国内风电设备产能过剩超过四成。

　　总的来说，目前新能源发展的主要问题是产业链问题，体现为国内终端利用环节不足导致市场在外（如光伏）或者并网不畅（如风电）引起终端利用受阻。同时对研发投入关注不够一方面导致产业竞争力不够，另一方面也进一步加剧了终端利用环节的困难，其结果就是设备制造能力严重过剩。解决产能过剩已被锁定为 2013 年经济工作的一大重点，新能源产能过剩的解决办法是市场整合淘汰和政府短期扶植。

　　从政府角度说，解决产能过剩需要通过补贴和其他政策，尽量消化利用现有的产能。新能源产能过剩是相对的，在新能源领域，中国最大的优势在于我们拥有广阔的市场。我国目前正处于工业化、城市化过程中，能源需求的增量大，而新能源在能源结构中比例微小。2011 年的光伏装机量 2.9GW，相对中国超过十亿千瓦的电力装机，新能源装机规模微小。因此，目前政府最需要做的，是在抑制行业盲目扩张的同时，从产业链的终端把国内市场做大，采取优惠政策和补贴支持，迅速扩大对新能源设备的需求。

从企业角度讲，解决新能源产能过剩必须经历行业整合。这是一个残酷的过程，也是一个重生的过程。需要注意的是，整合时间不能由于政府干预和地方保护而拖得太长，否则会影响企业及整个行业的发展。通过这次教训，企业要明确自己的市场定位，更好地把握市场风险。在这方面，政府能做的基本上是：行政抑制产能，慎重有条件审批新项目，抑制太阳能、风电等产业扩张，做好发展的统筹规划。

长期而言，中国的清洁能源规划除了强调市场化发展，还应当强调减少政府干预，禁止地方保护。政府应当摆正自己发展中的位置，主要关注研发和利用环节，将设备制造环节留给市场。研发不行，就是落后产能，终端利用不足，便是产能过剩。同时，为了实现清洁能源的有序发展，政府应当在发展中兼顾产业链中的各个节点，避免由于产能过剩导致的资金和资源浪费，最小化发展成本。

6.1.2 贸易战阻碍新能源发展[①]

近年来，中国在新能源问题上与美国、欧盟甚至印度等国家贸易摩擦不断，频频遭遇"双反"诉讼。作为应对，中国政府也采取了相应的反制措施，双方呈现出"你来我往"的局面。那么，贸易战对全球新能源产业的发展意味着什么？回答这一问题，需要对西方国家在低碳全球化背景下发展新能源的产业意图有充分而清醒的认识。

如果不考虑国际贸易，各个国家关起门各自来发展清洁能源，在当前的技术水平下，意味着推高本国能源成本，甚至可能会阻碍经济发展。目前美国和欧盟都将发展清洁能源发展作为今后经济增长的引擎，从某种意义上说，奥巴马政府这几年推行新政的核心之一是能源新政，即通过可再生能源产业发展，试图在 21 世纪继续领导全球经济。为实现把清洁能源做成其新的经济增长点这一目标，发达国家需要取得研发和管理上的优势，向其他国家出口技术和管理模式，并将核心技术的研发留在本国。

———————————

① 本部分内容为作者发表于 2012 年 8 月 31 日《环球时报》上的文章，原题为《没有贸易战，新能源会更发展》。

随着气候问题日益受到人类社会的关注，可以预见一轮低碳全球化的进程，即在国家间货物和服务贸易的发展以及资本和技术的流动中加入"碳减排"考虑。发达国家近年凭借技术、人才、资金及公民环保意识等各方面的优势，积极发展领先的低碳技术和管理模式，继而在气候谈判中施加"碳减排"压力，同时逐步提高相关的碳标准，制造低碳壁垒，制定绿色标准，迫使发展中国家减排，借机向外输出低碳技术和管理模式。

因此，我们可以对西方国家发展清洁能源的产业意图有一个大体的判断：被发达国家认为是新的经济增长点的新能源产业，从一开始就被赋予"外向型"的使命。这样做的好处是明显的，比如美国长期处于贸易逆差之中，如果能在其他国家推销其清洁能源技术，就可以增加出口能力。在发达国家持有这种产业意图的背景下，我国的新能源产业的"外向"之路无疑将十分艰难，贸易摩擦不断且日益增加，是可以预见的，特别是中国在清洁能源领域与发达国家的差距没有那么大时。

贸易战对全球新能源产业影响的关键在于：如果双边甚至多边的贸易摩擦成为常态形成壁垒，将不利于全球的清洁能源产业分工，阻碍清洁能源的成本的降低，从长期来看将对全球新能源的发展产生重大不利影响。与很多产业不同，毕竟清洁能源在一开始就面临其替代品的传统化石能源的竞争。

经济全球化过程中的无数成功例子告诉我们，减少贸易壁垒的全球化生产有利于降低成本，从而实现全球新能源的产业良性与可持续发展的共赢。但是，通常这一点在某些时候与一国的经济增长与增加就业的目标并不一致，这时就需要智慧地将短期与长期利益进行权衡。

从某种意义上说，发展中国家需要通过清洁能源领域的投入获得在日益严峻的环境与贸易壁垒中生存的权利。应对贸易战愈演愈烈的风险，我国新能源产业当前"内外交困"的局面，需要我们重新审视中国的新能源产业发展政策。我们首先需要改变以往以出口为主（如太阳能）的做法，在政府的支持下努力发展国内市场，避免成为披着"低碳、高新技术"外衣的传统出口制造业。而这一战略转型的实现，既需要加强解决清洁能源发展瓶颈问题，如并上网等，也需要反思地方政府重设备制造的发展思维。

最后，应对贸易壁垒风险，需要进行新能源产业的战略调整。而值得我们思考的是：中国需要发展一个怎么样的新能源产业？这是一个系统性的工程，应该由企业与许多部门共同参与，仅仅通过商务部的"反制"措施是远远不够的。

6.1.3　中国清洁能源产业发展遇"寒冬"[①]

此前，中国政府做出了到 2020 年非化石能源占一次能源比重达到 15%、单位国内生产总值二氧化碳排放比 2005 年降 40%～45% 的承诺。因此，干净、安全、可持续的清洁能源不断受到追捧，中国清洁能源发电装机比重大幅度持续上升。

然而，进入 2012 年后，清洁能源产业遭遇到"寒冬"，似乎是盛极而衰。2012 年上半年仅有 5 家清洁能源行业企业在全球资本市场实现 IPO，累计融资金额为 9980 万美元，数量和金额分别较 2011 年同期下降 17% 以及 65%。融资规模的大幅下滑给清洁能源产业敲响了警钟。中国的清洁能源产业在经过了一段时期投资狂潮后，受产能过剩、欧债危机及美国"双反"调查等多重因素的影响，开始进入持续低迷期，清洁能源的发展前景成为公众关注的焦点。

按道理说，清洁能源应该是只会嫌少不会嫌多。但是，行业的现状却说明产能过剩已经非常严重。我国清洁能源发展的主要问题是产业链问题，主要体现为过多依靠国际市场（如太阳能）、自主创新不够和并网不畅（如风电），其结果是设备制造能力过剩严重。我国资源分布不均衡，大风电、太阳能资源集中在西北部，资源与负荷中心的逆向分布，增加了跨区输送成本。而电网接入技术也是制约风能发展的重要因素之一，风电间歇式发电的特点对电网的容纳能力提出了挑战。我国仅 2010 年一年新增风电装机容量就达到 1800 多万千瓦，累计装机容量突破了 4400 万千瓦，但是我国的电网却跟不上风电装机的快速发展。风电上网对电网的稳定、备用和长距离输送均有很高的要求，同时其具有规模负效应，即风能发电量越大，对电网要求越高，成本也越大。另外，国际市场的种种不利因素增加了清洁能源产能过剩问题。因此，我国清洁能源产业已经进入整合期，能否及时调整市场战略，完善产业链，将决定清洁能源能否走出阴霾，重现 IPO[②] 热潮。

清洁能源产能过剩的解决办法是市场整合淘汰和政府短期扶植。短期而言，政府能做的基本上是：一是行政抑制产能，慎重有条件审批新项目，抑制太阳能、风电等产业盲目扩张，做好发展的统筹规划；二是通过补贴，尽量利用现有的产能。长期而言，政府应当主要关注风电的研发和利用环节，设备制

①　本部分内容来自作者发表于 2012 年 8 月 27 日《经济观察报》上的文章，原题为《清洁能源产业缺什么？补什么？》。

②　IPO：首次公开募股，是指一家企业或公司第一次将它的股份向公众出售。

造环节留给市场。如果风电终端利用不畅，产能就是过剩，因此中国的清洁能源规划除了强调发展，还应当包含控制机制。另外，政府还需要将精力放在如何解决清洁能源的研发、技术创新和终端利用。

发展清洁能源的重要性无需争议，关键是如何以最小成本来做。最小成本要求清洁能源投资在根据资源与市场情况合理布局的基础上，应该有相应的政府政策措施，推动产业的"良性快速"发展。通俗地说，就是实现清洁能源的"有序"发展。这个"有序"主要是在发展中兼顾各个产业链的节点发展，避免资金和资源的浪费。

作为资本密集型产业，清洁能源项目需要大量的资金，但是其短期内难以获得经济效益，商业金融机构投资兴趣不大，导致清洁能源行业缺乏优惠的长期贷款资金。现阶段，政府的政策支持是清洁能源项目融资的一个重要方面。

国外经验说明，现阶段清洁能源还缺乏竞争力，政府需要采取各种积极有效的政策给予支持。政府需要加大政策性资金投入，包括政策性贷款、贴息贷款、税收减免、直接补贴等。政府还需要通过协助项目融资等方式，使清洁能源项目获得开发资金的支持。美国财政部的补贴计划在 2009 年～2011 年支持了美国大量的太阳能光伏和光热项目的开发。美国能源部的清洁能源扶持计划还包括贷款担保计划和风能技术的生产税收抵免计划，希望借此措施增加收入以支持对清洁和可再生能源项目的投入，大力推进清洁能源行业的发展。

我国政府还应积极鼓励资本市场融资和外商直接投资，积极建立和拓宽融资渠道，通过多种融资方式、多渠道筹集资金推动清洁能源的商业化进程。绿色产业一直是风险投资、私募股权投资机构重点关注的领域。而 2010 年 10月，国务院审议通过《国务院关于加快培育和发展战略性新兴产业的决定》，明确表示"将推进节能环保、新一代信息技术、生物、高端装备制造、新能源、新材料和新能源汽车七大战略性新兴产业发展"，更是进一步引起创投资本对绿色产业的关注。

电价支持能够给清洁能源带来明确的收益信号支持，尤其是对外资和民营资本参与清洁能源项目具有重要的引导作用。在明确的固定电价支持下，清洁能源项目能够获得预期的收益，有利于清洁能源开发商的积极参与和项目融资。在明确的固定电价支持下，清洁能源项目能够获得预期的收益，有利于清洁能源开发商的积极参与。风电的固定标杆电价使得我国风电在短短几年中有一个迅猛的发展。中国仅 2010 年一年新增风电装机容量就达到 1800 多万千瓦，累计装机容量突破了 4400 万千瓦，成为全球第一。国家发展改革委 2011年发布"关于完善太阳能光伏发电上网电价政策的通知"，确定了固定太阳能发电标杆价格，可以预见今后几年中国太阳能产业的发展速度将因此获得较大的提升。

　　除了电价支持，可持续的大规模商业化的清洁能源项目必须解决长期的融资渠道，这应该是政府在今后清洁能源发展中需要关注的一个重要方面。虽然政府近年来逐步推出固定上网标杆电价，使得清洁能源因此收入比较稳定，但清洁能源行业的整体利润率还比较低，投资回收期较长，投资者的信心还相对不足。所以，清洁能源的进一步发展需要解决项目建设的长期融资问题。

　　清洁能源发展还需要其他政府优惠配合。在清洁能源发展的不同阶段需要采取不同政策支持。我国早期以"还本付息、合理利润、全额收购"为原则的鼓励政策，曾经在很长一段时间内对清洁能源发展起着积极的促进作用。国家能源局下一步还将推出可再生能源电力配额制，并继续制定和完善可再生能源政策设计，特别是配额制、交易制度；大规模风电的并网、管理运行，包括海上风电，太阳能的分布式利用。

6.2　风电行业发展[①]

　　中国的风能资源很丰富，发展潜力很大：中国陆地风能（高度 50 米）有 23.8 亿千瓦，海洋风能大概有 2 亿千瓦。近年来，在国家政策的支持下，风电产业取得了快速发展。2010 年年底，我国投入运营的风电发电装机容量达到了 41 800 兆瓦，同比增长 62%，超过美国，成为全球风电装机最大的国家。但是，我们应该认识到，虽然中国已经成为风电大国，但还不是风电强国。

1. 风电行业的产能过剩

　　目前我国的风电项目规模比较大的都是建在"三北"地区[②]，这些地方本身火电的产能就已经过剩，本地市场无法消纳风电，导致风电出现产能过剩，风电场弃风率大幅度上升。

　　虽然我国风电产业取得了快速发展，但产业整体技术水平与市场规模不相适应，自主研发不足，产品更新换代太慢等原因导致风电企业发展存在一些迫切需要解决的问题。首先，大功率风电的核心配件的核心技术被国外厂商垄断，我国的风电设备制造业在技术上与风电规模不相适应，在产能上由于竞争激烈及终端利用不畅等又出现过剩的现象。其次，风电间歇式发电的特点对电

---

　　① 本部分内容来自作者发表于 2012 年 2 月 21 日《21 世纪经济报道》上的文章，原题为《中国风电发展缘何过剩？》。

　　② "三北"地区：即我国的东北、西北和华北地区。

网容纳能力提出了很大挑战，因此电网接入技术也是制约我国风能发展的主要因素。仅2010年一年新增风电装机容量就达到1800多万千瓦，累计装机容量突破4400千瓦。风能发电量越大，对电网的要求越高，成本也越大。显而易见，我国目前的并网跟不上风电装机的快速发展。最后，目前我国风电发展多是大规模集中式开发，分布式小规模风电由于开发成本过高而受到冷遇，因此如何更加科学发展风电需要管理部门既考虑电厂问题也考虑电网问题。

总的来说，中国风电发展的主要问题是产业链问题，主要体现为自主创新不够和并网不畅，其结果是设备制造能力过剩严重。风电设备制造企业竞争激烈，2010年风电整机制造企业累计超过80家，合计规划产能达到4000万千瓦。发展风电的重要性无须争议，关键是如何以最小成本来做。最小成本要求风电投资除了根据资源与市场情况合理布局外，还要求有相应配套的政府政策措施，以推动产业的"良性快速"发展。通俗地说，就是实现风电的"有序"发展。

这个"有序"主要是在发展中兼顾各个产业链的节点发展，避免资金和资源的浪费。政府应当主要关注风电的研发和利用环节，而把设备制造环节留给市场。如果风电终端利用不畅，产能就是过剩。政府的风电规划除了强调发展，还应当包含控制机制。另外，如果不能自主创新，风电就会出现产能落后。所以，政府还需要将精力放在如何解决风电的研发、技术创新和终端利用上。

2. 如何解决风电发展中遇到的问题

风电成本是制约风力发电进一步大规模发展的主要因素之一。相对传统能源来讲，风电发电成本较高。政府从2009年8月1日起按照风能资源分地区制定了风电的上网标杆电价，对于经营期（至少20年）是实行固定上网标杆电价，即按地级市行政边界分地区定为0.51元千瓦时、0.54元千瓦时、0.58元千瓦时和0.61元千瓦时。政府多次提高可再生能源电价附加标准，2011年年底提高到每千瓦时8厘钱，以补偿风电与火电之间的差价。但是，越来越大的并网成本没有得到相应解决。加之此前我国缺乏对于风电并网的补贴和激励政策，风电输配成本没有人担负，以及审批时差等原因，导致我国风电并网和消纳问题严重，风电企业在并网上处于被动地位。

2012年4月，国家出台政策对可再生能源发电项目接入电网系统而发生的工程投资和运行维护费用进行补贴。由于获得补贴，国家电网明确提出将围绕"十二五"重点建设的九大风电基地，按照"先省内、后区域、再全国"的原则，全国性促进风电消纳。要解决成本问题、改变风电企业在并网上的被动地位，主要还是要解决动力和产业链问题。政府短期内要继续进行财政补贴和政策激励，长期则应该理顺电价，使得电价反映清洁能源成本，并制定合理的定价方法和补贴政策。

电网接入技术也是制约我国风能发展的主要因素之一。风电发电的间歇性、随机性和可调度性低的特点对电网容纳能力提出挑战，风电上网对电网的稳定、备用和长距离运输均有很高的要求，且具有规模负效应，即风能发电量越大，对电网要求越高，成本也越大。具备水、火、风联合调峰和高安全稳定等特点的智能电网应该是打破风电等新能源入网瓶颈的突破口。风电等可再生能源发电的装机容量快速增长，但国内在可再生能源发电并网的相关研究和解决方案提供方面相对滞后。除了技术上的困难之外，盈利模式可能也是关键问题所在。投资巨大的智能电网，如何找到合适的盈利模式，实现电力公司、设备制造商、服务供应商、电力用户多方共赢，可能成为智能电网能否推广的决定性因素。

3. 风电与核能

近 5 年来，我国风电装机的增长率每年都超过了 100%，目前风电累计装机已 6000 多万千瓦。2012 年 4 月，国家出台政策对可再生能源项目接入电网系统而发生的工程投资和运行维护费用进行补贴，国家电网明确提出积极支持风电并网。如果可再生能源配额管理可以发布实施，可以预见，风电将迎来另一轮快速发展。而就核电来说，政府明确说明"十二五"时期只在沿海安排经过充分论证的核电项目厂址，不安排内陆核电项目，加上对三代技术的要求，核电发展将放缓。很多人也因此认为：风电有望取代核电成为我国的第三大电力。然而，笔者认为，就长远的发展来看，我国第三大电力是风电还是核电，还有待进一步的观察和发展。

早在 2009 年，国务院就曾召开会议表示，要积极推进核电建设。虽然暂缓内陆核电建设会在一定程度上影响我国"十二五"核电发展速度，但并非禁核，国家做出此决策的考虑在于，核电建设首先要保证的就是安全。目前我国核电规模还比较小，如果大规模发展核电，在内陆地区建立核电项目可能很难避免。为了实现承诺的清洁能源发展目标和减排目标，我国必须大力发展风电、核电和光伏产业，进一步扩大节能空间、提高能源效率、改善能源结构。高调发展风电只是在核电发展速度减缓下的一个选择，并非是抑制核电。虽然日本福岛核事故改变了我国核电发展规划对核安全的关注度，但不会改变发展核电的战略。目前暂缓核电建设，也可能只是一个政策选择的时间先后问题，今后将在保证安全的基础上更有效地发展核电。

总结来说，能源开发利用的实质是一个经济问题，中国风电发展有其明显的优势。中国经济一直以来都维持着快速增长的态势，是世界能源增量的主要市场。正在经历城市化进程中的中国具有高能源消费，高排放的特征，中国的巨大能源增量市场无疑为风电产业提供了广阔的发展空间，也为研发新技术的公司提供了广阔的获利空间。但是风电发展除了国家政策的引导和财政补贴之外，电网长距离、大输出能力和并网能力的建设也必须尽快跟上，理顺电价反映清洁能源成本更是未来基本的趋势。

6.3 非常规天然气行业

6.3.1 非常规天然气的发展[①]

可开采非常规天然气目前主要包括页岩气（shale gas）、煤层气[②]（coalbed methane）和致密气[③]（tight gas）。根据 IEA（2009）的研究，在现有技术下，估计全球天然气可采储量（recoverable gas resource）为 850 万亿立方米，其中非常规天然气（包括煤层气、致密气、页岩气）占 45%。

在较早开发非常规天然气的国家中，美国的成绩尤为突出。美国的非常规天然气事业起始于 1990 年，2011 年其非常规天然气产量达到 3940 亿立方米，占其国内天然气总产量的 60% 以上。非常规天然气（主要为页岩气）的成功开发令使美国在 2009 年超过俄罗斯成为世界第一大天然气生产国。美国非常规天然气的成功不仅改变了美国天然气的供给格局，也对世界天然气供应产生了深远影响。

作为发展中国家，中国目前正处于工业化和城市化阶段，能源需求刚性增加，资源和环境约束日益紧张。作为较为清洁的化石能源，近几年来中国的天然气消费呈现快速增长的势头。中国从 2007 年开始成为天然气净进口国，并且缺口正在逐年增加。与原油不同，由于天然气的运输成本较高，天然气短缺可能带来的问题更多也更难解决。同时由于天然气未来的主要消费方向是民用，相比削减原油消费，削减天然气消费也更为困难。非常规天然气的开发，

---

① 本部分内容分别来自作者发表于 2013 年 3 月 19 日《东方早报》上的文章——《页岩气是中国的菜吗》和 2012 年 9 月 10 日《中国能源报》上的文章——《投资页岩气要有战略眼光》。

② 煤层气：赋存于煤层中以甲烷为主要成分、以吸附在煤基质颗粒表面为主、部分游离于煤孔隙中或溶解于煤层水中的烃类气体，是煤的伴生矿产资源。

③ 致密气：渗透率小于 0.1 md 的砂岩地层天然气。

对于保障中国能源安全及经济长期稳定发展而言，也具有重要的意义。

非常规天然气的开采已经在全球范围内受到越来越多的重视，但中国非常规天然气的开采还处于起步阶段。据相关文献研究，中国非常规天然气储量丰富，其开采对于保障中国天然气供给有重要的意义。

目前，有关于天然气储量的研究结论差异较大。以常规天然气为例，不同研究中关于储备的估计可相差 2 倍以上，包括常规天然气在内的储备，高情景下比低情景下也高出一倍以上。但是，无论是较高的估计水平还是较低的估计水平，非常规天然气的储备大约都是常规天然气储备的四倍。因此，非常规天然气的开采将大幅度提高中国天然气开采的年产量，并推迟天然气峰值年份，对中国天然气供气安全及对天然气外依存度的降低有重要意义。

目前中国能源需求呈现刚性增长，且增长较快。面对日益高涨的能源需求，中东地区较为动荡的局势，以及不断走高的国际原油和天然气价格，为保障持续稳定能源供应带来的压力越来越大，我国的能源安全受到了极大挑战。同时，由于面对温室气体减排的压力，能源消费还受到碳排放的约束（2020年单位 GDP 二氧化碳排放相比 2005 年降低 40%～45%）。因此，实现低碳转型，保障能源安全，是未来能源发展的必然选择。而非常规天然气的开发，不但有利于缓解国内石油消费需求的压力，扩大天然气供应量，同时也顺应了未来能源结构调整的方向。

目前中国天然气价格低于国际价格，对外依存度日益增加导致天然气价格改革压力日益增大。2011 年 12 月国家发展和改革委员会发出通知，决定在广东省和广西壮族自治区开展天然气价格形成机制改革试点。但可以预见的是，天然气价格改革将面临许多问题，其中主要的问题是市场化改革将导致天然气价格的大幅度提高。而非常规天然气的开发，一方面可以保障中国天然气供应安全；另一方面则可以为天然气价格改革创造略微宽松的国内环境。

中国非常规天然气的开发除了技术相对落后和受到成本约束以外，还缺乏相关政府政策配套。美国政府长期以来通过税收优惠和财政补贴来支持非常规天然气的开发和利用，正是这些优惠政策，使得其非常规天然气开发具有相对的技术优势和经济效益。相比之下，中国非常规天然气开发利用至今还没有得到比较具体的支持政策和相应配套。面对种种不确定因素，企业对非常规天然气的开发利用存在担忧。

随着国际油气价格持续走高，非常规天然气开发利用的竞争力日益增强，地质、技术和基础设施等发展瓶颈将获得解决的基本动力，国际油气价格的持续走高，也将最终迫使政府更快出台具体鼓励政策，使得非常规天然气有一个较快的发展。但是，我们需要特别关注非常规天然气发展的环境风险，做好非常规天然气开发中的环境保护。非常规天然气开发中的环境保护，不能寄望于企业的自觉自发，而是需要法律法规标准，政府监管和重罚这三个方面的支持。

6.3.2 页岩气开发[①]

页岩气作为一种非常规天然气，其储量达到 456 万亿立方米，比常规天然气储量多 78 万亿立方米，相比煤炭等而言更为清洁且排放更少，因此具有很好的经济效益和社会效益。

美国是目前世界上页岩气开采最为成功的国家。页岩气的开发很大程度上降低了美国对进口石油的依赖，改善了美国的能源供应格局。美国页岩气开发取得的成功引发了世界各国对页岩气开采的高度关注，使得诸多国家纷纷效仿，俄罗斯宣布将积极应对美国页岩气开发的挑战，波兰、英国、意大利、挪威及中国等都开始加大对页岩气的投资力度。

我国政府在"十二五能源规划"和"能源白皮书"中都提到了发展页岩气，可以说，政府已经开始推动页岩气项目。最近推出中央财政给页岩气开发 0.4 元/立方米的补贴政策，支持力度比较大，可以预见今后几年中会有一个页岩气的投资热潮。那么，我国页岩气的发展是否可以像美国那样，成为未来推动能源供应和经济增长的重要动力，并且发挥其降低能源价格的优势、减少对国外天然气的进口依赖？

1. 美国的页岩气开发及页岩气开发的环境问题

美国页岩气的开发可以追溯到 1821 年，但近十年水平井及水力压裂等核心技术的运用普及，才使得美国页岩气开发得到真正提速，并且得到好处。得益于这些开发技术的突破，到 2010 美国页岩气产量达到 1379 亿立方米，占全美天然气年总产量的 23%，超过我国天然气年总产量；2011 年，美国页岩气产量超过 1800 亿立方米，占比更是达到 34%。页岩气的开发大幅度降低了美国的天然气价格，提高了能源的自给率，改善了能源的供给格局。美国页岩气开发取得的成功，引发了世界各国对页岩气开采利用的高度关注。

但是，人们在关注美国成功的同时，却忽视了美国页岩气开采面临的最大

---

① 本部分内容来自作者发表于 2012 年 12 月 3 日《中国证券报》上的文章——《页岩气开发不可忽视环境因素》、2012 年 11 月 15 日《中国科学报》上的文章——《发展页岩气需慎重考虑环境问题》、2013 年 3 月 19 日《东方早报》上的文章——《页岩气是中国的菜吗》。

问题：对环境造成的负面影响。2011 年，美国最热门的环境问题就是关于水力压裂法开采页岩气，某些地区的页岩气井因环境问题已暂时关闭。美国各界在调查马赛拉斯（Marcellus）页岩气开发过程中发现，页岩气的开发不仅消耗了大量的水资源，也对当地水体、大气等生态环境造成了新的威胁。

页岩气的环境问题主要是由于页岩气特有的开发技术及其自身资源的特性引起的。现阶段页岩气的开发主要使用水力压裂技术，这需要消耗大量的水资源，同时在开发过程其自身含有的甲烷将会有所逸出。这使得在页岩气的勘探开发的过程中，我们除了面对常规油气开发所带来的环境风险之外，还必须承受新的环境风险与挑战，具体包括水资源的过度耗用、水污染、大气污染、温室效应和其他的环境问题。

首先，页岩气的开发需要消耗大量的水资源，这主要是由其开采的技术特点所决定的。因为页岩气被束缚在致密的页岩里，必须通过水力压裂技术才能够采集到。水力压裂技术中采用的压裂液主要由高压水、砂和化学添加剂组成，而水和砂含量99%以上。页岩气的开采需要的井数极多，平均每口页岩气井耗水量为 1.5 万立方米，一个页岩气田的开采将耗用大量的水资源。对于缺水的地区来说，页岩气的开发将加剧水资源紧张局面。

其次，开发页岩气将会造成水污染，引发用水安全问题。这种污染主要包括压裂液对地下水源及返排液对地表水源的污染。页岩气压裂液中含有化学添加剂，在开采过程中还可能融入甲烷，它们会在页岩气的钻井和压裂过程中通过诱发地质断层等方式污染地下水源。而压裂后的返排液除含有压裂液中的化学添加剂外，还有一定量的烃类有机物、重金属和水溶性盐类等。这些返排液很难全部处理合格，当不合格的处理液排入河流时，便会对地表水产生污染。

最后，页岩气的开发会严重影响当地空气质量。页岩气压裂注水需要很多大功率柴油机提供动力，这将会产生大量的废气污染物。与此同时，页岩气燃烧排放的氮氧化物、碳氢化合物在一定条件下将生成臭氧。臭氧是二次污染物，其危害比一次污染物更为严重。在美国一些地区，由于页岩气的大规模开发导致的臭氧污染，严重危害了当地居民的健康。

与此同时，页岩气的开发将极大地影响气候，造成温室效应。页岩气最基本、最重要的成分是甲烷。在开发、运输及存储页岩气的过程中不可避免地会有甲烷泄漏。据统计，页岩气从开发到消费的整个生命周期内泄漏的甲烷约为 3.6%~7.9%，而常规天然气仅为 1.7%~6%。甲烷是一种比二氧化碳有更强的温室效应的气体，同样质量的甲烷的温室效应是二氧化碳的 25 倍。在温室效应越来越严重的今天，关注气候变化必须重视页岩气的开发中甲烷的排放。

此外，页岩气的开发还会引发其他一系列的环境问题，如页岩气的勘探、开发和井场建设等将会对地表和植被造成破坏，页岩气井水力压裂液储蓄池的挖掘等使得其土地占用面积远大于常规油气藏的钻井井场，页岩气钻井、水力压裂、井场建设等方面还存在噪声污染等，页岩气的开采在美国的局部地区还引发了一些地震泥石流等地质灾害。

2. 页岩气在我国

我国开发页岩气的技术大多从美国引进，所以美国遇到环境问题在我国也有很大的可能会发生。我国页岩气资源丰富的地区主要是四川盆地、渝东鄂西地区、黔湘地区、鄂尔多斯盆地、塔里木盆地等偏远地区。这种特殊的地理分布也导致我国页岩气开发的环境问题与美国相比更加棘手，主要表现在水资源的耗用、开采地的地理环境条件及环境法规方面。

开采页岩气，我国面临水资源严重不足的严峻局面。我国页岩气田大多分布在缺水比较严重的地区。在水量相对充裕的长江流域，只在四川和江汉盆地发现了页岩气，而在西北、华北地区，页岩气储量丰富，水资源却相当紧张。再加上近年来西南地区的干旱灾害频发，大规模开发页岩气必将会让当地的水资源紧缺状况雪上加霜。

从地理环境的角度来看，我国页岩气资源所在地并不适宜进行页岩气的大规模开采。页岩气开采需要大量的钻井，大概是常规气藏的 10 倍，钻井和生产作业对地面影响更大。美国页岩气分布地区地表条件优越，地势平坦，地广人稀，而我国优质页岩分布地区大都集中在中西部山区，地表地形复杂，地势高差大，人口分布密集，页岩气埋藏也较美国更深。所以，这些地区并不适合页岩气的大规模开采，大规模的开采将会严重影响居民的正常生活，增加对当地基础设施的要求，经济性较差，也易引发山体滑坡等地质灾害。

此外，我国在环境的立法和监管等方面也存在着不足。在环境保护法规业已比较健全的基础上，美国又开始着手针对目前页岩气的开采，进行水资源保护和环境污染防治等相关法律政策的修改。而我国目前水资源和环境保护政策法规尚未健全，页岩气开采引起的环境问题也未得到有关部门的重视。

页岩气的开采将对我国能源的战略储备、社会经济发展起到非常重要的促进作用。我国应充分吸收美国页岩气发展的经验与教训，重视由此可能引发的环境问题，走一条可持续发展的道路。目前我国正处于页岩气发展的初期，具有实施环境和社会协调发展的基础。我国今后应将页岩气开发引起的环境问题纳入决策管理体系，从技术和政策两个层面来预防和解决页岩气开发利用引发的环境问题。

从技术层面上来看，控制页岩气环境问题可以从两方面入手。一是积极研发水力压裂的替代技术。比如，加拿大公司研究出的 LPG（液化石油气）压裂就很好地避免了水力压裂污染环境的问题，并且不耗用水资源。二是在现有技术水平下，更加严格的控制甲烷及其他气体污染物的排放，加大对返排液的处理力度，并运用更先进的技术刻画地质结构，以更好地保护水资源。

从政策层面上来看，完善页岩气的勘探开发管理制度也是必不可少的。一方面，要完善环境影响的评价机制，国家及地方相关部门和企业必须将页岩气资源的勘探开发与区域水资源规划和环境影响评价相结合，综合评估开发的可行性；另一方面，也要加强环境法律法规的建设，促进环境监测与信息公开，确保将污染物控制在生态环境可接受的范围内，并及时公开监测信息，消除大众对环境污染的担忧。

总而言之，页岩气开发好处很多，隐患似乎也不小。页岩气的巨大经济利益使得我们需要在发展的初始，就思考其发展的相关问题，避免我们以往在其他资源性产品发展中的错误。

6.3.3 煤层气开发[①]

作为重要的非常规天然气之一，目前我国煤层气的规划发展规模高于页岩气。根据"十二五"规划目标，到 2015 年，我国页岩气年产量将达到 65 亿立方米，而煤层气产量将达到 300 亿立方米，约是页岩气的 5 倍，其中地面开发 160 亿立方米，井下瓦斯抽采量达 140 亿立方米。从规划目标看，国家对于页岩气和煤层气发展的重要性和先后顺序还是比较明确的。煤层气之所以能够得到政府的重视，一个重要的原因在于煤层气的开发对于煤矿开采安全、资源利用和"碳减排"有明显的促进作用，一举数得，为政府所喜见。

事实上，"十一五"期间煤层气的发展不尽如人意，这主要是体制上的原因，当然也同政府相关支持力度不足有关。表面看来，煤层气是现成的可利用资源，但是开采出来未必就是盈利的。据美国经验，煤层气井口价至少要达每立方米 1.3 ~ 1.5 元才可能盈利，约为常规天然气盈利价格的 2 倍。而在我国煤层气发展的最初阶段，能源价格和体制中存在的种种问题，对煤层气的发展会造成一定的负面影响。由于煤层气的物理性质，煤层气矿产权的重叠是全国性的问题，在现行煤层气产业调控体制下，产业发展规划由国家发展和改革委

---

① 本部分内容为作者发表于 2012 年 12 月 2 日《中国科学时报》上的文章，原题为《煤层气开发利用还需要"推一把"》。

员会审批、制定，煤层气资源开发审批权在国土资源部，煤炭矿业权则按矿井规模分别由省、部两级国土部门登记发证。以山西为例，2010 年年底，山西境内登记的 35 个煤层气矿业权中有 28 个与煤炭矿业权重叠。

早在 2007 年，国土资源部就已对煤层气与煤炭资源的产权重叠问题颁布了《关于加强煤炭和煤层气综合勘查开采管理的通知》，就煤层气的勘探和开采提出了设立特定勘查开采区域，对煤层气的勘探权进行了全面检查，提出双方协议合作等解决方式。但是，之后几年，煤层气的发展似乎没有什么实质性的突破，虽然政府相关部门也曾出面协调许多两权重叠问题，但开采前景较好区域的产权争议仍然存在。2010 年 11 月政府在全国瓦斯防治工作会议上提出"希望下一步有关部门能够研究、制定、出台相关政策，将煤层气和煤炭的产权合二为一，走合作开发的路子，拿到煤层气产权三年之内不开采要有序退出"。但这一政策是否得到贯彻和落实，依然不明确。此外，煤层气矿权配置机制，市场准入和退出机制等与行业发展紧密联系的政策和标准，仍然缺位，煤层气行业发展缺少必要的法律规范约束。

2012 年 9 月 13 日国务院正式批复《山西省国家资源型经济转型综合配套改革试验总体方案》，并在其中再次对煤层气开发做出了相应的阐述：按照"先采气后采煤，先抽后采"的原则，加快煤层气（煤矿瓦斯）开发和综合利用。对于过去已经批准的同一区域内煤层气和煤炭矿业权分属不同矿业权人的项目，希望通过协商解决先抽后采问题。但实践中，非煤企业与煤炭企业两类开采主体依然存在信息沟通困难、关系协调困难、合作机制难形成等问题。未来运行效果如何，仍有待观察。

政府如何支持煤层气？不久前，在第十二届国际煤层气研讨会上传出，中央财政有意将煤矿安全技术改造国债资金从每年 30 亿元提升至 50 亿元，并将煤层气抽采补贴标准由目前的 0.2 元每立方米上调至 0.6 元每立方米。这一方案已经上报有关部门报批。补贴的提高对于解决目前煤层气发展的矿权重叠问题及促进作用不如直接的政策措施来得直接，但其作用在于引起投资者的足够重视，激励投资者自觉自主地关注煤层气的矿业权。煤层气勘探开发及设备的资金投入比较大，政府补贴的提高可能在今后几年带来更多的煤层气投资，促进煤层气产业技术和管理的升级。

政府对煤层气补贴如果真的提高了，可能是出于对成本的考虑，也可能是为了尽快推动煤层气发展。在煤层气开发的初期阶段，政府支持特别重要。一方面财政支出将会直接对煤层气的发展带来促进作用；另一方面，政府的补贴将会作为一个明确利好的市场信号，引导投资和投资力度。对于富煤、贫油、少气的中国来说，相较页岩气，煤层气的发展具有更加明显的经济和资源优势。加强煤层气补贴后可能会出现页岩气发展为煤层气发展让位的现象，但是由于两者在非常规能源发展规划中的定位不同，开采成本不同，是否会影响页岩气的开采可能还需要更加详细的经济账。

目前政府对于煤层气等非常规天然气能源的重视，意义不言而喻。煤层气首先是一种洁净且高效的能源。与产生相同热量的标准煤相比，据估计，燃烧煤层气排放的一氧化碳是燃煤排放的1/500，氮氧化物为燃煤的1/5，二氧化硫为燃煤的1/50，烟尘排放为燃煤的1/100。但是，与煤层气开发相关的环境问题也不容忽视，主要也是由其自身特有的物理性质和开采工艺而引起的。煤层气的开采过程对于水资源的影响最大，过度排采地下水将会对地表环境造成破坏，造成地面沉降，影响植物发育，破坏生态环境等。同时煤层气井采出水含有大量的煤粉和氯离子等，影响土壤盐碱度。在钻井和压裂过程中使用的钻井液和压裂液均含大量化学物质，这些物质如果没有经过严格的处理，与地下水作用将会形成污染源，对环境造成影响。而煤层气的主要成分甲烷也是主要的温室气体来源。

除了环境问题，煤炭与煤层气矿权重叠及技术制约等方面的问题仍然是煤层气行业发展面临的重要挑战。因此，在政府给予正确的政策引导的基础上，今后发展煤层气的过程中有意识地认识这些问题并且对其有效解决，才是对我国煤层气发展的重要支持。

6.3.4 民资进入管网建设利好天然气市场改革[①]

近来，西气东输三线工程的核准文件的下发已经提上日程，西三线即将全面开工的同时，总投资达1160亿元的管道工程招标再次吸引人们的目光。此前，便有消息称中石油、宝钢、全国社保基金、城市基础建设产业投资基金等多家单位拟通过设立合资公司进行管道建设，而由全国工商联发起的产业投资基金则成为了民间资本正式参与西三线基础设施建设的平台。

此举一出，引起了媒体的广泛关注，与前段时间引导民资进入能源行业的举动结合在一起，似乎更加印证了政府对于引入民资的强烈愿望。更早的时候，国家能源局《关于鼓励和引导民间资本进一步扩大能源领域投资的实施意见》就明确提出：支持民间资本与国有石油企业合作，投资建设跨境、跨区石油和天然气干线管道项目。意见提出后，业内普遍唱衰，在没有明确提及如何保障民营资本权益、缺乏独立有效的监管机构的情况下，该政策实施起来

---

① 本部分内容为作者发表于2012年9月27日《中国科学报》上的文章。

困难重重。

作为今后几年我国清洁低碳发展中最具潜力的煤炭的替代品，近年我国天然气市场发展迅速，天然气消费量从2000年的245亿立方米增加到2011年的1311亿立方米，占一次能源结构比例从2.2%上升到近5%。随着三大天然气管道（中俄东西线、中缅、中亚）通气，2015年我国天然气占一次能源结构比可能上升至8%。可以预见，未来天然气市场仍可保持快速增长，为投资者所关注。

中国的天然气产业是一个资本密集型产业，由于需要大规模的资本投入，目前产业链呈现出较高的纵向一体化，天然气的中游领域基本成为了三大石油公司生产、销售天然气的附加产业。天然气管道建设也是国企独大。截至2011年年底，中国天然气管道总长约为5万公里，而中石油的管道高达3.6万公里，占全国的75%以上。在上游领域，2006年新澳能源获得天然气进出口权利，名义上打破了原有天然气进口权的国有垄断，却因为缺少接收天然气基础设施，使得该进口资质有名无实。下游的燃气企业受制于国有企业对气源的垄断，没有自主选择的权利，市场竞争力也随之减弱。产业链垄断即使有短期保障供应的好处，中长期而言，显然不利于市场化改革，对终端消费者一定不是好事情。

目前中国天然气运输管网保持了较快的增长速度，随着西三线工程的全面开建，对下游的钢材、管道等一系列行业均有促进作用，而首先获益的无疑是管道运输行业。政府显然欢迎民营进入，因为民营资本进入天然气管道建设对国内天然气生产效率及行业竞争，具有积极作用，同时也是目前天然气价改和市场竞争的重要前提条件。但是，力量对比悬殊，加上种种体制市场问题，民营管道企业的机会的确不容乐观。

目前民营进入对于打破天然气行业国有垄断局面应该没有实质性作用，但对于中长期在行业引入竞争，促进行业可持续发展大有益处。当前国际上现行的竞争型的天然气管网市场模式多为"强制无歧视第三方管网准入"模式，该模式的核心在于基础设施运营企业平等地向供气商提供服务，不得排斥其他供气商，不得为关联企业谋取竞争优势，同时公开、平等地向所有用户提供运输和存储服务。这一制度打破了大国企纵向一体化格局，实现了管网独立，使更多的市场主体参与竞争，最终使终端消费获益。

政府可以将西三线的建设作为契机，合资成立的管道建设公司作为改革天然气产业链，引入竞争的过渡性手段。目前，中石油对管道公司的持股比例为52%，这个比例能够保证中石油对管道运输业务的支持力度，保证安全平稳供气，而民营资本持有一定份额的股份则能够参与管网开发。政府甚至可以考虑，在建立起较为完善的监管法律制度和高效有力的监管机制之后，降低中石油对管道公司持股比例，推动最终实现管网独立。

目前，国家对于能源行业引入民资，打破垄断，实现市场化改革的愿望显然十分强烈。短期内，天然气价格改革比较迫切，在目前天然气占能源结构比例很小的情况下，进行价格改革可以减少改革带来的负面影响和改革压力。而长期而言，天然气市场要健康发展，可能需要有意识地限制上游企业对下游市场的过度介入，同时有计划有步骤地降低国有大型企业对于上中游产业的一体化垄断程度，在上游领域实现多元化，并实行强制性无歧视管网第三方准入。最后在天然气市场化改革的进程中，应当考虑建立独立的监管机构，这对于理清改革思路，制订改革战略和规划至关重要。

6.4 核电行业

6.4.1 美国重启核电的背景和争议[①]

美国核管理委员会最近批准南方电力公司在佐治亚州的 Vogle 3 号和 4 号 AP1000 核反应堆，两个反应堆的装机各为 110 万千瓦，建设投资约为 140 亿美元，计划分别于 2016 年和 2017 年投入运行，美国能源部将为该项目建设提供 83 亿美元的贷款担保。该项目没有建在海边，而是位于佐治亚州奥古斯塔（Augusta）东南约 26 英里处，厂址附近目前已有两台核电机组在运行。

AP1000 是由美国西屋公司开发的非能动压水堆，与二代核电的最大差别是它的非能动安全系统。当发生紧急事故时，AP1000 的非能动机组不需要外部应急电源，而是靠重力、势能（高位水箱）、自然循环和蒸发等这些自然现象，驱动冷却水冷却反应堆和安全壳进行散热。AP1000 在设计时考虑了恐怖袭击和自然灾害，可以抵抗客机的冲击，并能在失去外部电源 72 小时内持续冷却反应堆，可抗震 9 级，与二代核电相比，AP1000 在安全性能和运作效率方面都有比较显著的提高。

尽管 AP1000 是美国技术，但在美国本土被采用却是首次。此外，另一家美国能源公司 Scana 近期也有可能获得美国核管理委员会的准建许可，在南卡罗莱纳州建设两座 AP1000 反应堆，另有 3 家美国公司表示有意提出 AP1000 反应堆的建设申请。中国目前有 4 座 AP1000 反应堆在建，首台机组有望 2013

① 本部分内容为作者发表于 2012 年 5 月 10 日《中国科学报》上的文章——《美国重启核电是一次试探》。

年发电。英国及印度等国也在洽谈引进 AP1000。

美国现有 64 座核电站, 104 个反应堆, 供电比例达 20%。这些核电站均建于 20 世纪七八十年代, 主要集中在 70 年代。1979 年三哩岛核事故冻结了美国的核电建设, 尽管美国政府自 2009 年以来先后驳回 31 个核电站的建设申请, 但是政府并未禁核。在美国现役的 104 座核反应堆中, 有 71 座曾得到延期服役许可。美国总统奥巴马曾于 2010 年 2 月宣布将对核电站新建项目进行债务担保, 显示其对重启核电站建设的积极姿态。对美国重启核电建设, 各界看法不一, 美国本土的争议比较激烈。

持比较积极意见的人士认为, 美国重启核电建设说明美国还需要核电。美国能源消费增长虽然比较稳定, 但还处于上升阶段。据美国能源部预测, 到 2030 年全美电力需求还将增长 40%～50%。尽管美国的煤炭资源丰富, 但由于煤电造成的环境问题比较严重, 因此仍有必要利用核电替代煤电。美国业界为重启核电而欢呼, 称批准当日是历史性的一天, 将开启核能的新时代, 美国核电发展迈出了重要一步。世界核能协会甚至称之为美国核能战略的里程碑。美国政府和相关管理机构也表现出相当积极的态度。美国能源部长朱棣文 2 月 15 日访问了南方电力公司 AP1000 项目所在地, 表示核能是美国发展各种能源资源的重要组成部分。美国核能研究所主席表示, 多年来美国一直在谈论核电复兴, 今天才看到一个真正的信号。美国众议院能源和商务委员会主席认为, 这是美国在核电复兴的路上迈出的坚实一步。

但是, 也有很多美国人认为, Vogtle 3 号和 4 号机组只是核电新技术的应用, 并不能代表核电复兴。其他不积极的声音, 比较典型的有美国核管会主席格里高利·捷兹克, 他反对发布该项目的许可, 认为需要存在某种形式的法律承诺, 确保在新核反应堆投入运营前, 完成对福岛事故的评估并提出加强方案, 以确认新建反应堆能否经受地震和洪水等自然灾害。美国环保团体也对重启核电表示强烈反对, 认为在日本福岛核灾难问题得到实质性解决之前, 不应批准任何核电项目。一些公共利益团体组织认为, 美国核电项目获准, 说明政府并未从福岛核事故吸取教训, 忽视了公众利益。有 12 个公共利益团体组织还将就此提起诉讼。

美国重批核项目是对福岛之后全球核电发展的一个试探, 不仅是对国际核电发展的试探, 也是对国内核电发展的试探。日本福岛核事故对此前良好的国际核电发展大环境有灾难性的影响。目前, 各国核电发展处于十字路口。美国本土核电发展的方向和力度, 主要取决于国内民众的支持。日本核电事故推高了美国民间的反核情绪。2011 年的一份民意调查显示, 64% 的美国人反对新建核反应堆。美国重批核项目直接将后福岛的核电发展提上了桌面, 迫使所有人去面对。

6.4.2 美国重批核项目的目的[①]

自 1979 年三哩岛核电事故之后，美国已有 34 年没有新批任何核电机组。美国核管理委员会 2 月 9 日批准了美国南方电力公司两台 AP1000 核电机组的建造和运行联合许可证，引起了国际社会的广泛关注。由于日本福岛核事故还在处理中，美国重启核电引起全球广泛争议，正反意见都有，且争议将会持续。那么，美国重批核项目对于全球的核发展有何意义？

美国在关键时刻推销 AP1000 技术。在福岛核电事故的影响及美国民间反核情绪高涨的背景下，美国重批核项目意在显示其对 AP1000 的安全性有充分信心。朱棣文演讲时表示，为了保持美国在全球核电业界的领先地位，需要让全球更了解下一代核电技术。美国希望国际社会知道，如果其对 AP1000 的安全性没有足够信心，不会在这种时候做出这样的决定。因此，在全球核电因日本福岛核电事故而犹疑之际，美国核管会却将 AP1000 在全球隆重推出，不仅意在将 AP1000 堆在美国付诸实践，更是为了确立 AP1000 在三代核电技术的全球领先。

其实，美国的能源储量（包括煤炭）还是非常丰富，尤其近期页岩气的爆炸式发展，更是为美国的短中期能源供应提供了重要保障。相对于目前价格低廉的页岩气，AP1000 在成本方面不具有经济性。据预测，到 2035 年美国页岩气产量将会增加近两倍，2023 年生产成本价仍会稳定在 5 美元/千立方英尺的较低水平。与此同时，美国能源需求增长缓慢，对能源供应增量的需求也没有那么迫切。能源供需状况进一步说明了美国在关键时刻推销 AP1000 技术的意图。日本福岛核事故重燃了全球反核情绪，使得核电的安全性又一次接受严峻考验。相对于其他现有的三代核电技术，AP1000 具有针对性的现实意义。可以避免福岛核电机组因为应急电源被冲毁而出现堆芯融化的类似事故，这恰恰是 AP1000 的最大卖点，也可能是确立 AP1000 第三代核技术国际领先的关键点。作为 AP1000 的技术拥有者，如果不在美国本土实践，其可靠性和说服力将大打折扣。

笔者认为美国重批核项目意味着美国核电复兴为时尚早。核电建设项目投资大，工期长，中途可能还会遭遇诉讼。核电建设项目延期和超支在美国有很

---

① 本部分内容来自于作者于 2012 年 5 月 7 日发表于《中国证券报》上的文章，原题为《美国重批核项目难言核电复苏》。

多先例。前面提及的南方电力公司就有类似经历：该公司沃格特勒核电站早在20世纪70年代已开工建设，竣工投产却拖到80年代，项目初概算为6.6亿美元，最终花费却达88.7亿美元，相当于南方电力公司当时市值的4倍，几乎导致该公司破产。因此，要说明美国的核电复兴还需要见到更多新核电项目获批，甚至投产运行。

从核电的历史来看，苏联切尔诺贝利核事故和美国三哩岛核灾难都把人们对于核电安全的忧虑推到顶峰，所有技术上的解释都无法在短时间内消除忧虑。按照历史经验，日本福岛核事故引发的公众对于核电安全性的担忧需要相当长的时间才能消散，这决定了今后十年国际核电发展进程的不确定性。即使在美国，除重批核项目事件本身之外，其他都是未知因素。南方电力的新项目可能会有示范效应，催生更多新核电项目，但是事实上大多数核电投资者还在观望。美国核电发展还与很多因素相关，特别是天然气价格走势及有多少煤电需要关闭以满足新的联邦排放要求。显然，重批核项目给美国核工业注入生气，但整体效果如何有待观察。

6.4.3 福岛核电事故和美国重批核电[①]

日本福岛核电事故之后，我国政府暂停批准新的核电站，一些已经批准而未开工项目也处于停顿状态。然而，为实现承诺的清洁能源发展目标和减排目标，结合其他清洁能源发展现状，我国需要发展核电。我国煤电提供了80%的电量，气候问题导致的更为严格的环境法规直接威胁煤电进一步发展，而水电规模受到资源限制，太阳能和风能占电力结构的比重目前还不到2%，这些清洁替代能源无法满足电力需求增量。而新能源的低效性、间歇性和弱经济性，也使得我国保障能源供应和清洁发展的天平向核电倾斜。日本福岛核事故会改变我国核电发展规划对核安全的关注度，但不会改变发展核电的决心和战略。

无论出于何种动机，美国重批核电对于在十字路口的国际核电发展都有积极意义，有助于营造较好的国际核电发展环境。日本福岛核电事故之前，得益于欣欣向荣的国际核电发展大环境，我国在短短几年内推出近3000万核电项目。福岛核事故恶化了日益向好的全球核电发展环境，即使不影响我国的核电战略，但公众对核电安全的忧虑也足以对我国核电发展造成实质性的负面影响，因为国际大环境也是决定中国核电发展的一个重要因素，中国不可能孤立

---

① 本部分内容来自于作者发表于2012年6月1日《中国证券报》上的文章，原题为《自主核电技术亟待发展》。

地发展核电，公众对核电的支持也会受到国际大环境的影响。从这个意义上说，美国重批核电对全球核电发展有积极的正面意义。

福岛事故以来，日本的核电发展充满不确定性。日本共有 54 座核反应堆，提供约 30% 的电力。福岛核事故后，其核电站都暂时停运接受压力测试。由于能源资源匮乏，日本经济发展和电力供应保障确实需要核电。但是，核事故的影响尚待评估，来自民众反核的声音日益高涨。2012 年 5 月 5 日，北海道电力公司关闭了泊核电站 3 号反应堆，使得日本的商用反应堆全部处于停运状态。目前是双方博弈的关键时期。在此关键时刻，美国重批核电或许可以缓解日本的反核压力。

核电对于欧洲实现减排和保障能源供应至关重要。由于德国在去年关闭了 8 家核反应堆，欧洲目前剩有 139 个核反应堆，还有 30 个核反应堆在建、计划在建或正在申请。例如，法国电力透露将在法国建一个 165 万千瓦的第三代 EPR 核电机组。美国重批核电可以鼓励欧盟其他国家将重视核能安全和提高核电安全标准作为今后核能战略的主基调，而非简单废弃核电。紧随美国重启核电的步伐，在 2012 年 2 月法英峰会上，英国首相卡梅伦和法国总统萨科齐均公布了建造更多核电的计划。

美国重批核电有利于对于三代核技术的确定。美国在福岛事故还没有处理完就重启核电，除了表明核能对于美国的重要性和美国官方对核电发展的支持态度，更重要的是对 AP1000 安全性的肯定。对于我国核电发展而言，这更加确定了我国核电发展的技术路径。由于之前美国没有建设 AP1000 核电站，关于中国作为 AP1000 试验品的质疑一直不断。可以预期，美国重批核电后，我国今后审核批准的核电项目后续工程以及新批项目，很可能倾向于使用 AP1000 技术。近期国家能源局的《国家能源科技"十二五"规划》提出，吸收消化 AP1000 技术，形成自主知识产权的堆型及相关设计、制造关键技术。以中国广阔的核电市场，如果可以对 AP1000 技术国产化，将有利于确立将来中国核电技术的国际领先地位。

6.4.4 中国核电"走出去"的机遇和挑战

日本福岛事件极大地影响了全球核电发展进程，但是，能源供应压力及清洁发展使得核电依然是许多国家依赖的重要清洁能源来源。虽然世界上有许多国家考虑放弃核电，但其他一些国家则考虑核电站建设。例如，美国今年 2 月重启了核电站的审批，波兰、埃及、土耳其等新兴国家也考虑将核电站的建设排上日程。

中国最近批准的《能源发展"十二五"规划》、《核电安全规划（2011—2020 年)》和《核电中长期发展规划（2011—2020 年)》重新确认了中国发展核电的决心和战略。面对未来世界核电市场，我国核电产业如何实施"走出去"战略，以及今后在市场上的位置，都引人关注。

核电的核心竞争力在于自主创新和自主知识产权，这也是核电"走出去"的关键所在。除此之外，核电"走出去"还将面临其他国家全产业链，包括电站建设、设备制造、人员培训等方面的竞争。正是这种全方位的竞争要求导致目前世界上只有法国、美国、俄罗斯、日本、加拿大和韩国这六个国家实现了各自国家核电的"走出去"。我国核电经过 30 年的发展，也取得了一定的成就，但是核心技术和国际先进还有差距。我国在建核电虽有眼下如此大的规模，却不能像其他国家一样实现百万千瓦级商用核电技术出口，其原因也在于此。

福岛事件以后，中国核电实现真正"走出去"还有待于三代核电技术的突破。长期以来，我国核电走的是一条"以我为主、中外合作"的发展道路，通过不断的实践，实现了引进、消化、吸收和再创新的过程，核电技术不断成熟。目前，我国中核集团、中广核集团、国家核电技术公司分别在开发 ACP1000、ACPR1000 以及 CAP1400 几种三代核电技术，均有望形成走向国际市场的品牌。其中，ACP1000 和 CAP1400 是我国在引进、消化和吸收美国西屋公司 AP1000 的基础上通过再创新形成的具有我国自主知识产权的三代技术品牌，而 ACPR1000 则是中广核在在推进 CPR1000 核电技术建设的同时研发出来的。从时间点上看，ACP1000、ACPR1000 和 CAP1400 计划开工时间都在 2013 年左右，希望在 2015 年之后差不多可以实现产业化。届时，我国将可能具备核电"走出去"的核心竞争力。

我国政府已经将三代核电技术确定为我国核电发展的门槛，这是因为三代拥有更先进的设计理念及更高的安全性。因此，我国核电"走出去"的起点应该就直接定位在三代技术上，也只有这样才能跟其他核电强国竞争，实现核电真正"走出去"。而这也对我国的核电设备制造、电站建设和人才培养提出了新的要求。只有核电全产业链的均衡发展才能更好地实施"走出去"战略，不然即使我国有了核心技术也要受制于他国。

在核电设备制造方面，我国具备了一定的实力，也发展出了一批包括上海电气、东方电气和哈电气在内的大公司。相比国外而言，我国可能具备成本优势。但是我国在设备设计和材料等关键环节还存在技术瓶颈。在核电站建设方面，我国已经具有了很大的优势。原因在于，在过去的 20 年里，我国的核电建设基本没有停顿，但是国际上却是几乎停滞了 20 年。我国目前有 26 台在建机组，超过世界的 40%。因此我国可能在短期内拥有更丰富的建设经验，尤其是三代核电的建设经验。但是，我国显然缺乏在国外建设核电站的经验，不同的政治及地理条件将给核电站建设带来新的挑战。

人才也是制约我国核电走出去的重要因素。我国核电面临很大的人才缺口，目前核电人才的培养的模式已经跟不上核电发展的需求。而未来核电"走出去"，我国还将承担为项目国培养核电人才的重任，这也是一个很大的挑战。

面对这些挑战，我国核电在设备制造、核电站建设及人才培养等方面应该现在就开始通过参与海外的项目积累经验，为真正核电"走出去"做准备。从韩国的经验来看，只有积极参与海外核电项目，才能不断地积累经验，学习技术，最终实现从量变到质变的蜕变。韩国在获得阿联酋完整核电项目之前，已经和西屋公司进行了多次合作。我国 AP1000 的主要设备也是来自韩国的斗山重工。

此外，政府也是影响我国核电国际竞争力的重要因素。核电"走出去"带来的挑战是全行业的，不是单单靠某个企业就可以应对的。推动核电出口是国家力量和意志的体现。要将推动核电"走出去"纳入国家战略高度，整合全行业资源。因为根据以往我国电企业开发海外市场的经验，企业协调不好，会出现各自为战的低效经营现象。日后，我国将面临三家核电集团、三种品牌都要"走出去"的现实，这也需要在政府战略层面上进行统筹安排。除此之外，国家还应加大对核电"走出去"政策扶持力度，给予核电海外示范项目贷款和税收方面的优惠政策，加大自主研发核电技术的支持力度，组织好大型先进压水堆等重大科技专项的技术攻关，鼓励企业开展自主创新，实现对核心技术的进一步突破。

总体来看，我国核电"走出去"局势应该比较乐观，作为近期全球核电建设的主战场，我国拥有许多优势，而自主品牌的三代核电技术更将为我国转变为核电强国创造契机。为此，我国应将核电的发展提高到国家战略层次，通过现阶段不断争取海外核电项目"分包"，可以积累经验，学习技术，为未来核电真正"走出去"奠定基础。

6.5 光 伏 行 业

6.5.1 光伏产业情况①

近几年，在全球光伏产业井喷式发展的背景下，国内光伏产业持续快速发

① 本部分内容来自于作者发表于 2012 年 10 月 16 日《21 世纪经济报道》上的文章，原题为《拯救中国光伏业，补贴研发和终端利用》。

展。然而，一直以来，我国光伏产业走的是"两头在外"的发展模式，即近80%的原材料从国外进口，又将超过90%的光伏电池组件产品出口到国外去。这样的发展模式使得我国的光伏产业极大地受制于国外市场。

可以说，近年我国光伏产业大幅扩张的动力与清洁发展相关，但主要来自于国外市场。由于美国和欧盟各国对光伏产业的支持政策和补贴，以及随之而来的市场需求，的确给早些进入市场的光伏企业提供了比较丰厚的利润和扩展空间。得益于能赚钱（视为新的经济增长点）又符合低碳发展观念的优点，在地方政府的支持下，对光伏产业的投资蜂拥而上，大量企业迅速进入光伏制造业领域。我国 2008 年光伏企业还不足 100 家，目前已膨胀至 500 余家，占全球产量的 57%，成为世界太阳能电池生产第一大国。全球十大太阳能光伏制造商中有六个来自中国。我国光伏制造商通过扩展设备产能，形成了激烈的竞争格局。

但是，国内的光伏终端利用市场刚刚开启，由于成本问题，国内生产容量非常有限，光伏产能主要依靠国外市场来消化，产能的迅速大幅增加将企业推向了困境。据说中国的光伏产能接近 40GW，而全球目前每年市场容量仅为25GW，产能过剩致使企业被迫在价格上恶性竞争，导致企业利润大幅度下降。加之世界经济低迷，欧美各国纷纷调低光伏补贴政策，市场萎缩，而美国和欧盟的"双反"导致海外市场进一步萎缩，目前我国光伏的处境，已经不是简单的产能过剩可以形容。

当然，产能过剩总是相对的。2011 年我国新增太阳能发电装机容量约 220万千瓦，仅为欧盟新增容量的十分之一。我国国内光伏产品消费处于较低水平，主要是由于成本高和电价上涨比较困难造成的。可以说，除了企业盲目扩张，对风险把握不足，光伏产业的产能过剩与政府前期缺乏战略性的规划、缺乏对整个产业链的理解有直接关系。理论上说，我国能源以煤为主，太阳能应该是越多越好，所以产能过剩是个产业链问题，是设备制造环节过剩。目前的基本问题是政府对研发投入关注不够，同时国内终端利用环节不足直接导致市场在外的现状。热心设备制造是可以理解的，因为研发、设备制造和终端利用三个产业链环节中，研发投入回收期长，终端利用环节需要补贴，是赔本买卖，设备制造收益见效快。

在新能源领域，中国无疑具有优势，我们最大的优势在于广阔的市场。我国处于工业化城市化过程，能源需求的增量大，而新能源在能源结构中比例微小。在太阳能电站特许权招标，金太阳示范工程，光电建筑应用一体化示范，以及各地方政府示范项目的驱动下，中国 2011 年的光伏装机量达 2.9GW，同比 2010 年增长了 500%，但对于中国电力十亿的总装机，光伏发电装机比重微小（0.27%）。因此，只要有一个良好的环境，市场潜力将为企业投资提供足够激励，广阔的市场还会鼓励在新能源技术方面的投资和创新。第二个优势就是有一支数量大、成本比较低廉的研发队伍，新能源产品的研发成本应该要低于欧美发达国家，而太阳能进一步发展主要靠技术进步。

总而言之，我国的太阳能产业在国际上已经占有一席之地，维持太阳能产业的领先地位是我国在世界新能源革命中保持领先的重要保障。我国政府应该充分利用上述中我国光伏行业的优势，坚决拯救光伏，拯救太阳能产业在国际上的领先位置。

6.5.2　光伏行业发展①

国际经济危机导致光伏市场萎缩，而与此同时中国光伏产业快速发展，最终导致了我国光伏产业的严重产能过剩。激烈竞争导致低价，低价导致"双反"，这就是近年来我国光伏业的悲惨故事。

2011年11月，美国商务部发起针对中国光伏太阳能产品的反倾销、反补贴的立案调查，并于2012年上半年作出征收2.90%~4.73%的反补贴关税和31.14%~249.96%的反倾销关税的裁定。而欧盟委员会也于2012年9月6日正式启动对中国光伏产品的反倾销立案调查，这对遭遇了美国"双反"打击之后的我国光伏产业无疑雪上加霜。

相较美国的"双反"，欧盟制裁的伤害会更严重。2011年的数据说明，我国光伏产品有近90%出口海外，其中销往美国市场的产品占比约为15%，而欧盟市场则占到近六成，出口额高达204亿美元。相对国外市场而言，我国国内光伏市场目前的容量很小，如果欧盟和美国的惩罚性关税使中国的光伏产品丧失价格竞争力，从而失去在这两大市场的份额，短期而言这对我国光伏产业的打击是致命的。

中国光伏产业未来的产业形势可以分别从长期、中期和短期来看。长期来看，由于资源稀缺和低碳发展，光伏产业是朝阳产业，加之中国也有自己的产业优势，而且已在国际上占有重要位置，所以未来我国光伏的产业形势相当令人看好。但从短期来看，其形势又是极为严峻的。中国国内的光伏市场份额很小，光伏产品曾经有近90%出口到海外市场，一旦欧盟和美国的惩罚性关税开始实施，中国的光伏产品就将失去价格竞争力，从而失去欧盟和美国这两个

① 本部分内容来自于作者于2012年9月28日发表在《中国证券报》上的文章——《细分产业链 挽救光伏业》及2012年发表在《绿叶》上的文章——《政府应在光伏产业重组中明确职权分工》。

最重要的市场，这对中国的光伏产业的打击将是致命性的。最后，从中期来看，我国的光伏产业将会慢慢进入一个整合期，且可能要到2015年才能调整完毕。这期间，整个光伏行业会进一步重组，过剩的产能也将逐渐得到调整。这必然将是一个残酷的过程，也将是一个行业重新成长的过程。能不能完成好这个调整，很大程度上要取决于政府能不能明确自身的职能。

1. 行业发展困境的原因分析

光伏产业之所以会面临产能过剩的问题，主要原因之一就在于地方政府和国有银行捆绑了光伏产业的发展。作为能源产品，光伏产业风险比较大，地方政府和国有银行介入可能导致对风险评估不够重视。因为光伏本来就是奢侈品，需要补贴才能盈利。美国和欧盟各国对光伏产业的支持政策和补贴，带来的巨大的海外市场需求，给最初进入光伏市场的企业带来了比较丰厚的利润。地方政府发现了这个新的经济增长点，加上其又符合低碳环保的理念，于是开始鼓励各种投资进入光伏制造领域，导致在短短几年间，中国就一跃成为光伏设备生产第一大国。产能的大幅增长和严重过剩，致使企业被迫在价格上恶性竞争，导致企业利润大幅度下降。而随着世界经济形势的急转直下，欧美各国纷纷减少对光伏的补贴，市场也随之萎缩。

现在我国光伏的这种处境，已经不能简单地说是产能过剩了。因为产能过剩的话，市场是可以自行调整的，激烈的竞争会导致优胜劣汰，从而带来整个行业的重组。但现在面临的是这种境况，整个行业普遍亏损，但没有几家倒闭的，这是相当不正常的。这就是地方政府在发挥了不适当的角色。现在民间资本固然有一些损失，但损失最大可能是地方政府和国有银行。

在过去几年中，地方政府给了光伏许多的优惠政策，像国开行这样的银行就给这个产业大规模放款。这本是个风险产业，应该有成套的评估。当一个产业整体的市场都依靠国外市场时，这个行业的风险就会比较大，而且更关键的是太阳能这种产品必须靠补贴来生存，所以对这个产业的投资应该是极为谨慎的。但因为有政府的介入，企业就没什么顾忌，由此导致其对风险的把握出现了很大偏差，在规模和产能上盲目扩张。另外，政府和银行的关系太密切，地方政府的投资冲动一上来，银行出于自己的利益，有政府支持，也认为风险不大，在信贷上给了这些企业各种优惠。这样一来，政府、企业和银行全都被裹挟进入到这个光伏危局中去了。但现在企业亏损了，可能就由地方政府来兜底，又用财政去救企业。

光伏企业、地方政府和国有银行的捆绑，使得光伏企业和当地政府有千丝万缕的牵连，地方政府从他们的利益出发，为保障就业和地方财政，可能会推出一系列违反市场规则的救市措施。你把纳税人的钱去补贴这些设备产品，收益是企业的，现在亏损了，成本却需要纳税人来分摊，这是很不公平的。所以在这个整合过程中，地方政府应该尽量脱手，就应该让这些该倒闭的企业倒闭掉一些。在未来的光伏产业整合重组的过程中，政府要尽量中立，不要介入过多，而是让市场自发进行优胜劣汰的整合。

2. 光伏行业发展中政府的定位

政府要明确自己的角色，但也不是就应该不采取行动。在救和不救的问题上，政府现在已经没有什么退路了，只能选择救。既然我国的光伏产业在国际上已经先声夺人，维持领先地位也对我国的新能源革命至关重要，那么，不管政府以前怎么做，今后就应顺势而为成就太阳能行业。因此在这个紧要关头，政府必须坚决拯救光伏产业。这肯定需要补贴，但如果现在不救，企业都破产掉，这些压力都会落到地方政府身上，最后还得纳税人买单，这个选择应该比较直观。

但救市不是救企业，而是拯救这个行业，政府需要补贴光伏产业，但不是像以前那样补贴设备，而是要补贴产业链的终端，把技术研发和终端利用环节做好，把设备终端制造留给市场。也就是说，政府应该在企业整合的过程中，尽量把手从企业当中抽出来，将企业的优胜劣汰交给市场决定。目前政府最需要做的是，从产业链的终端把国内市场做大，采取优惠政策和补贴支持，迅速把光伏利用做大，可以迅速扩大对设备的需求，弥补国外市场萎缩。

理论上说，我国能源以煤为主，太阳能的应用越多越好，光伏产品的国内潜在市场是很大的。光伏产业之所以会出现产能过剩，除了企业盲目扩张之外，应该说，与政府缺乏前期战略性的规划、缺乏对整个产业链的认识脱不了关系。一个新能源产业链，可以大致分为研发、设备制造和终端利用三个环节。技术研发上不去，就成为落后产能；终端利用不足，就形成过剩产能。所谓的产能过剩其实质是设备制造的过剩。目前的问题是政府对研发投入关注不够，也没有为终端利用创造良好条件，于是导致光伏设备的市场都集中在海外。在设备制造方面中国比较强，但是在终端利用上欧盟比我们大得多。前期的中国太阳能企业基本上靠美国跟欧盟的大规模太阳能补贴来支撑的，在失去了美国跟欧盟的补贴后，这部分就该由政府补充。

政府需要对光伏行业进行补贴，但应当把重点放在国内产业链较为薄弱的两端上，即技术研发和终端利用。因为新能源起步发展时，作为比较贵的能源产品，这两端依靠市场做大比较困难。其研发周期比较长，回收成本也需要较长时间，因此相当大一部分的研发资金可能要来自于政府。政府的资金支持不单单是从今后可持续发展的角度来考虑，也与我国新能源的国际战略位置相关。在终端利用方面，更是离不开政府的政策支持和补贴，发达国家如此，我国也是如此。因此技术研发和终端利用的成本都较高，短期都可能是赔本买卖，难以靠市场做快做大，只能靠政府支持。

只要研发做得好，我们就会是先进产能，只要终端利用做得好，就不会设备过剩。技术研发到位了，也有了市场需求，企业自然就会盈利并投资去做设备。设备制造的收益见效很快，这基本是个竞争性的领域，需求足够，完全可以交给市场而不需要政府扶植介入。总之，新能源产业的发展不是靠市场就能自行解决的，它显然离不开政府的支持，但政府应摆正自己的位置。

3. 克服无序状态，前景仍然光明

光伏产业发展的最大威胁就是无序发展，政府缺乏前期规划、企业缺乏风险预期。今后国际市场上的贸易摩擦将会更多，为了应对可能出现的各种状况，我们现在就必须改变行业的这种发展状态。

当然，政府近期出台了很多扶持政策，像分布式发电项目、扩大太阳能电厂规模等终端利用，以及最近酝酿的让分布式发电免费入网等，这都是在帮光伏企业寻找出路。但是除了这些，政府还应尽快出台相应的配套细则，只有这样才能够有效扩大国内市场，缓解将来的困难。

在企业层面，解决光伏产业产能过剩必须经历行业整合。当然整合的时间不能太长，否则会影响企业和整个行业的发展。这就需要政府尽量放手，让整合淘汰成为市场行为而不是政府参与的行为。这次的"双反"也有一些积极的教训，就是太阳能企业明白今后需要明确自身的市场定位，更好地把握市场风险。

现在很多国家仅仅从经济增长的角度来看待太阳能等新能源的发展，将清洁能源视为新的经济增长点，作为第三次工业革命的关键点。为了国际领先地位，各国都将新能源贸易作为战略要点，这就意味着贸易摩擦在所难免。但对于新能源技术，各国政府不应仅仅从经济增长出发来考虑新能源贸易，还需要从全球共同应对气候变化的角度出发考虑。我们应该推动在全球建立一个清洁能源的联盟，以在新能源发展和贸易上达成共识。如果在国际贸易中对清洁能源产品设立一些优惠制度，在相应的贸易法律法规上对清洁能源更加容忍的话，将有助于清洁能源技术的国际贸易，从而加速新能源产业的发展。

总的来看，光伏产业是一个朝阳产业，我国光伏产业本身具有相当的优

势，现在我们遇到的问题都只是阶段性的，虽然我们会经历一个痛苦的重组过程，但未来的大趋势终归是太阳能要取代化石能源的。

6.5.3 阶梯电价将促进太阳能热水器发展[①]

2012年7月1日，居民阶梯电价在我国全面推行。阶梯电价是指把户均用电量设置为若干个阶梯分段或分档次定价计算费用。我国阶梯电价的整体原则是：第一档用电量是居民基本用电，该档用电量要求覆盖80%的居民的用电量，在第一档用电量内的电价不作调整；第二档用电量的上限覆盖95%的居民。对于这档电力，提价幅度不低于每度5分钱；第三档用电量被认为是奢侈用电范围，每度提价3毛钱。

实施阶梯电价的关键在于确定第一档用电量，由于我国各省份情况不一致，因此各省份的第一档用电量也不尽相同。东部沿海省份大多为200~260度。西部省份则多从120~180度。实行分区域差异化定价的重要原因是避免给大部分家庭增加电费负担。

我国以前的居民用电是对不同消费者实行统一电价模式，政府通常采用分时提高工业电价进行交叉补贴，或者通过国有电力企业的亏损进行补贴，实质上更多地补贴了高收入群体。所以通过分段电量实行细分市场的差别定价，能提高用电效率，在公平性上能够更多地补贴低收入群体。因此，实行阶梯电价除了反映社会公平之外，还更有利于鼓励居民节约用电，减少能源浪费，符合节能减排的大方向，得到了社会的普遍认可。它还通过价格的作用来引导人们主动节能，使节能消费观念深入人心。消费者会主动购买节能产品，如太阳能热水器。

2009年，国家出台了"家电下乡"政策，太阳能热水器行业经历了一次快速发展。由于市场的热销，而且行业门槛不高，太阳能热水器行业的上下游企业都在不停地扩大产能。但是，由于当时电价电力不强，太阳能热水器价格比普通电热水器高很多，在没有国家的"家电下乡"财政补贴政策的情况下，消费者并不会主动选择购买太阳能热水器。消费者的购买力是在国家财政补贴下释放出来的，市场实际上并没有像众多太阳能热水器生产厂商预期那样广阔。

2010年政府取消"家电下乡"的补贴政策之后，太阳能热水器的销售就

---

① 本部分内容为作者发表于2012年11月19日《经济观察报》上的文章——《阶梯电价将促进太阳能热利用产业》。

出现了下降的趋势。这令很多太阳能热水器企业都措手不及，很多企业面临库存高、产品卖不出去的情况。2010年以后，太阳能热水器行业进入洗牌调整阶段，技术落后的中小企业逐渐退出市场，领头企业继续保持增长态势，市场进一步集中化。总的来说，在经历了2009年的短暂的高速发展后，太阳能热水器行业目前进入了一个平缓期。除非有新的国家政策支持或者是消费者观念改变，否则该行业难有长足的发展。

阶梯电价的全面推广，对太阳能热水器行业应该是一个重大利好，将会引领太阳能热水器行业新一轮的发展。普通的节能补贴政策通过对太阳能热水器进行补贴，使太阳能热水器变得相对"便宜"，从而鼓励消费者去购买。但它只能够暂时性促进太阳能热水器的发展，在节能补贴政策的效果消失后，太阳能热水器行业发展动力就消失了，如前面提到的"家电下乡"财政补贴。这种财政政策效果短暂，而且还有一定的副作用，既是常常出现在媒体上的"骗补"。阶梯电价制度则不同于普通的节能补贴政策，它利用价格来引导消费者重视节能，从根本上改变了居民的消费观，促进居民消费转向节能家电产品。阶梯电价对太阳能热水器行业的促进作用不是短暂的，而是长效的。

居民用电量将随着经济增长和居民收入增加而增加，即使电价的分档电度和电价维持在目前的水平，居民电量增加将迫使他们支付昂贵的第二、第三档电费。如果说从前（第一档）的电价不足以引起公众对安装太阳能热水器的热情，现在太阳能热水器相对应的可能是第三档的电价（许多地方接近每度1元），应该有足够的动力迫使消费者安装太阳能热水器。

拿电热水器来说，它是家用电器里面比较大的"电老虎"，每日耗电量比较多，而且为了随时有热水可用，热水器通常是一天24小时都处于开启状态。如果居民换成太阳能热水器，可以避免每月用电量超过第一档用电量而多付的电费，特别是第三档电费，因此，阶梯电价改革后，太阳能热水器的经济性不容置疑。

虽然政府在阶梯电价改革时保证电价不变的第一档用电量能够覆盖超过80%的家庭，但是随着未来经济发展，居民收入增加必然导致用电量上升。事实上，目前中国的居民用电量每年的增长速度超过10%。使用太阳能热水器等节能电器，可以避免电价改革可能带来额外电费负担。因此，阶梯电价的出台会促使消费者放弃原先耗电量高的家用电器，从而转向消费太阳能热水器等节能电器，因此，我们应该可以看到太阳能热水器的新一轮发展。

6.6 垃 圾 发 电

6.6.1 "垃圾围城"与垃圾发电[①]

目前，我国每年产生的垃圾高达2.5亿吨，占世界总量的1/4，随着城市化进程，在相当长一段时间内，还将以8%~10%的速度增长（部分城市如上海已达到15%~20%），超过欧美城市垃圾6%~10%的增长率。城市生活垃圾累积堆存量已达70亿吨，近2/3比例的城市被垃圾带所包围，垃圾存放占地累计达75万余亩，1/4的城市无适合场所堆放垃圾。

大量垃圾包围城市，给城市环境和发展造成很大压力，但同时，城市垃圾中也蕴含着巨大的资源潜力和经济效益。国家拟将在"十二五"期间投资2636亿元建设城市垃圾处理设施。严峻的垃圾现状和国家的政策扶持为我国垃圾发电产业迎来历史性的发展机遇，如果目前面临的垃圾分类和发电技术两大问题能得到有效的解决，我国城市的"垃圾围城"或将得到缓解。

"垃圾围城"对城市发展的环境困扰显而易见。城镇化的快速发展造成城市垃圾激增，大量的垃圾露天堆放或简易填埋，对于资源缺乏的中国来说，不仅对土地资源和水资源造成浪费，而且由于城市垃圾成分复杂，也造成了对环境的污染和人体的危害。据估计，全国每年因垃圾造成的损失高达300亿元。以上海市为例，上海市日产生活垃圾总量达2.59万吨，500多个垃圾临时堆放点占地几千亩[②]，每年仅运送处理这些垃圾就要耗去全市财政支出的6.8亿元。

处理城市垃圾主要有填埋、堆肥和焚烧发电三种方式。即使条件允许（土地等），简易的填埋也容易造成二次污染，而农业堆肥又对垃圾中的无机物无法处理。相比之下，焚烧发电无害、减量和资源化优势突出，是西方发达国家处理城市垃圾的常用办法。

垃圾发电就是把垃圾收集后，通过特殊的焚烧锅炉燃烧，再通过蒸汽轮机发电机组发电。高温焚烧后的垃圾能较彻底地清除有害物质，焚烧后的残渣只有原来容积的10%~30%，即延长了填埋场的使用寿命，也缓解了土地资源紧张状态。城市垃圾中的二次能源如果能充分资源化用于发电，还可以节省其他

经济转型中的能源思考

---

① 本部分内容为作者发表于2012年11月8日《中国科学报》上的文章，原题为《2600亿元投资解决"垃圾围城"》。

② 1亩≈666.7平方米。

能源如煤炭。按我国目前垃圾年产量2.5亿吨计，以平均低位热值900千卡/千克折算，相当于3214万吨标煤。根据"十二五"期间规划，若35%用作焚烧发电，年发电量可达262亿度，资源潜力巨大，经济效益很大。

垃圾发电在西方发达国家已有上百年的发展历史。20世纪70年代，德国率先进行垃圾发电。随后，法、英、美、日等国家也积极开展了这方面的研发利用。目前，全球垃圾发电厂已达3000余座，最大单机容量超过10万千瓦。其中德国78座，美国有近400座。日本由于土地资源紧缺，更是不遗余力组织力量，解决技术问题，并通过发行股票债券等方式融资投建垃圾电厂，焚烧率已超过70%。

受资金和技术的限制，我国垃圾发电起步较晚，最早的垃圾发电厂直到1987年才投入运行。由于垃圾发电兼具经济和环境效益，国家自"十五"期间开始鼓励其发展。近几年我国垃圾发电发展尤为迅速，呈现每年成倍增长的态势。目前，世界新建的垃圾焚烧设施中超过一半都在中国，国内已有近30个省、市和自治区城市建成了垃圾发电厂，70%以上的焚烧厂集中在东部地区。今年10月，亚洲最大的垃圾发电项目在上海正式并网，预计满负荷生产后将每年向上海电网输送约1.1亿千瓦时"绿色电力"，可解决10万户左右居民的日常用电。到2015年，我国垃圾焚烧发电厂还将增加384座，焚烧能力届时可达31万吨/日。

但我国垃圾发电毕竟还处于起步阶段，垃圾发电厂的建设和运营还面临着巨大的挑战。我国城市以生活垃圾为主，由于垃圾分类差，垃圾热值很低。低热值导致焚烧时需要添加大量燃料（煤炭），导致发电成本大幅度提高，一些垃圾发电厂甚至为以煤为主，演变成为变相的小型火电厂，违背了垃圾发电处理垃圾的初衷。

最重要的是，焚烧高含水量的垃圾会增加有害气体排放量。如果垃圾焚烧的污染物排放问题得不到解决，垃圾发电产业的发展很难得到公众的支持。近年，因公众反对而导致垃圾发电厂停建的案例屡见不鲜。原计划定于2011年8月份竣工的秦皇岛西部垃圾焚烧发电厂，拟投资2.2亿元，就因遭到周边上万村民的抵制，2010年年底被迫停工。

6.6.2 垃圾发电迎来历史机遇①

国务院办公厅和国家发展和改革委员会于 2012 年 4 月先后公布《关于完善垃圾焚烧发电价格政策的通知》和《"十二五"全国城镇生活垃圾无害化处理设施建设规划》，明确指出：我国垃圾焚烧发电执行全国统一发电标杆电价 0.65 元/千瓦时，并且垃圾焚烧发电上网电价高出当地脱硫燃煤机组标杆上网电价的部分实行两级分摊。

据估计，"十二五"期间我国城市生活垃圾无害化处理设施建设投资总量可能达到 2636 亿元，其中对设施的投资额将占总投资的 65.6%，预期到 2015 年，全国城镇生活垃圾焚烧处理设施能力将占无害化处理总能力的 35% 以上。

相关政策出台后，不少城市纷纷投资建厂，全国掀起一股垃圾发电热潮。仅 6 月份以来，各地投资建设垃圾电厂的金额就高达数亿元。可以说，我国垃圾发电产业发展迎来历史性的机遇。

要想发展垃圾发电，政府除了资金扶持外，还必须尽快完善我国相关法律法规政策，并配以科学的监管措施和激励制度，尽快解决目前面临的垃圾分类和技术两大问题，因为只有解决了垃圾分类和技术问题，垃圾发电才能为公众广泛接受。

首先，应尽快健全城市垃圾全过程综合管理体系，完善并推行城市垃圾分类制度，明确界定垃圾回收、处理、运输及发电链条上各方的利益补偿，最大程度调动居民垃圾分类的积极性，从源头处提高用于发电的垃圾质量，这是垃圾发电发展的关键。进一步，通过建立信用体系和惩戒机制，以及引入第三方专业认证机构等途径，加强对垃圾发电产业的监管。建立公开透明的信息制度，主要监测结果定期向社会公布，从而提高垃圾发电产业的公信力，以赢取公众对垃圾电站的支持，保证我国垃圾发电产业的健康稳定发展。

其次，目前国外垃圾发电设备类型较多，特色各异。在引进设备时，应充分结合我国垃圾分类情况，寻找效率高、符合环保标准且成本较低的设备。同时，要加快垃圾发电工艺技术本土化进程，科研、垃圾发电厂和设备厂商三方应积极合作，全面跟踪设备设计、安装、调试及运行过程，充分发挥各自优势。有效提高我国垃圾质量应该是一个长期努力的过程，因此需要尽快设计出符合国情（垃圾质量）的设备。

---

① 本部分内容为作者发表于 2012 年 10 月 30 日《21 世纪经济报道》上的文章，原题为《垃圾发电产业两大问题亟待解决》。

从综合指标和长远效益角度来看，垃圾发电对于我国来说，是必须的，相对于传统电力，也具有环境和资源循环利用的好处，但是，只有垃圾回收、处理、运输和综合利用各环节的问题都得到有效解决，垃圾发电才可能真正为公众接受，化解我国城市之"围"。

6.7 稀土行业

6.7.1 中国的稀土行业发展①

稀土大致由 17 种元素组成，可以用于国防、电子和可再生能源等领域。目前中国拥有全球 23% 的稀土储量和超过 95% 的稀土产能，曾经满足全球 90% 以上的稀土需求，但最近因为限制稀土出口而受到许多国家的指责。加之 2011 年中国稀土出口配额并未用完，2012 年稀土配额也可能用不完，于是就有了是否应该取消配额的讨论。

多年以来，中国一直以非常低的价格承担着全球稀土市场的供应，过度开发和出口对我国资源环境造成了极大损害。目前我国在稀土资源开采与贸易环节采取了一些措施，包括进行稀土矿开采总量控制，限定稀土行业准入条件，颁布稀土出口配额及审核稀土工业污染物排放标准等。中国对稀土出口的限制对国际稀土市场价格与行为模式产生了实质性的影响，面临着来自国际方面的压力。

从历史上看，稀土资源在改革开放早期对中国的出口创汇起到了重要的作用。但长期以来通过非常低的价格占领国际稀土供应市场的现实，暴露出我国资源产业发展的历史、现状和策略缺位问题。稀土同石油一样是不可再生资源，属于稀缺资源，由于其分离产品的物理特性，是发展高新技术产业的重要战略资源。中国稀土开采行业以往的恶性价格竞争、管理混乱及环境污染严重的重要原因是行业分散，准入门槛低，而国际上稀土的买方相对集中，在市场势力上出现了严重的不对等，导致资源价格与价值背离，这个状况的确需要改变，也可以理直气壮的改变。

如何改变？近一段时间，国家开始了稀土行业的整合进程，以轻稀土为主的北方稀土集团成立后，稀土行业将会像煤炭行业一样经历整合。整合以大企业资本为主，通过联合、兼并、重组等方式兼并中小企业。未来我国可能形成

① 本部分内容为作者发表于 2012 年 11 月 2 日《中国证券报》上的文章，原题为《当前不宜取消稀土配额》。

相对集中的稀土行业，即由 3~4 家国内稀土企业。经济学认为市场结构决定企业的议价行为，市场力量的平衡是稀土价值回归稳定的前提。

由于 2012 年稀土配额没有用完，配额制存在的前途与意义也引起质疑。笔者认为，目前可能还不具备取消配额的条件。因为一旦经济好转，稀土需求上升，稀土出口一定会大幅度增加，那时再控制配额可能又会遭遇国际批评。只有当行业整合取得一定进展时，对产能和出口有一定的控制力，才具备考虑取消配额制的条件。

稀土行业发展需要防止稀土价格的暴涨暴跌。随着低碳全球化的进程，稀土产品在节能材料、风电、新能源汽车等清洁能源领域有广泛的应用前景，我国拥有最广阔的市场，而且在这些领域与发达国家的技术差距不大。在长期"贱卖"之后，我们需要合理的弥补我国资源环境成本的价格。但是，稀土价格的暴涨暴跌会对国际市场和国内下游行业产生负面影响，不利于长远有效的稀土资源利用和产业发展，因此维持一个比较合理稳定的价格应该是行业发展的目标。

进一步说，我国如果受制于稀土加工与应用能力，则可能面临着"资源在国内，利用在国外"的局面，因此，随着我国经济的发展，稀土以及稀土下游产业面临着调结构与产业升级诉求，因此，政策需要支持稀土加工与应用能力，才能真正保障国家利益，使稀土产业为经济大局服务。

因此对于中国稀土行业如何发展这一问题，应当从产业链上下游全局，国际国内市场的全局，着眼确定战略，这包含短期手段与长期战略。看历史，其他不可再生资源如石油产业的发展的进程来看，我国稳定有序的稀土发展和具有国际稀土价格影响力的过程需要一定的时间。

6.7.2　我国稀土谋变[①]

由于低碳发展的需要，清洁能源技术需求的大幅提升，全球稀土市场需求将大幅度增长。据估计，仅稀土元素镝的全球需求量就将达到现在的三倍。而市场的另一端，稀土出口量曾占到全球出口量的 90% 以上的中国，却由于环境和资源的原因，从几年前开始控制稀土出口。最近，世界贸易组织将调查由欧洲、日本和美国对中国限制稀土出口提起的诉讼。中国政府提出将尊重世界贸易组织的调查结果，但会继续收紧对稀土行业的监管。虽然，由于经济和需

---

① 本部分内容为作者发表于 2012 年 9 月 14 日《中国证券报》上的文章，原题为《争夺稀土话语权要实现行业谋变》。

求低迷，2011 年和 2012 年中国稀土出口配额并未用完；但是，中国短期内应该不会放弃份额，争端将持续。那么，我国应该从几个方面来应对？

作者认为，眼前最重要的是要尽快实现稀土行业的整合。2010 年 9 月，国务院发布《关于促进企业兼并重组的意见》，首次把稀土列入重点行业兼并重组的名单。目前主要的问题在于中央与地方政府利益的协调。按照目前政府推的"两到三家"目标，中国稀土行业必然面临重新洗牌。在稀土"北轻南重"的格局下，北方的轻稀土资源的整合相对容易，而南方的局势相对复杂，为减少整合的阻力，各级政府之间的利益需要妥善协调。而稀土作为一种关乎国家安全的战略资源，需要尽可能地在国家整体利益的高度进行谋划。应该说，稀土行业的整合是抑制无序出口，防止自我恶性竞争。

从价的稀土资源税也是行业发展的一个重要选择。通过将稀土资源税改为从价计征，并在设计时充分考虑代际之间的问题与环境的外部性，可以提高企业对资源税改的敏感性，促进稀土企业有效开采利用资源，有效地平衡稀土企业的短期生产目标与资源有效利用的长期目标。但从价的资源税对出口与国内市场均会产生较大影响，需要谨慎对待。

目前稀土价格相对平稳，将稀土资源税征收方式由从量计征改为从价计征的时机已到。2011 年资源税改革并未将稀土纳入范围内，使得稀土资源税从价计征的改革滞后于原油和天然气，但目前我国基本具备推广稀土资源税从价计征的条件。当然，稀土领域资源税改革改为从价计征，其税率设定还需要根据市场情况确定。

稀土交易体系的建立对谋求稀土国际影响力具有重要意义。以铀矿石为例，国际铀矿石价格的话语权比较集中。美国 Trade Tech 公司、UxC 公司和纽约商品交易所三家机构通过建立交易平台，发布价格指数，或确定基准价格，对国际铀矿石定价产生重大影响。目前我国包头稀土产品交易所等交易平台的搭建走出了一步，如果花大力气做好，凭借中国的稀土国际贸易份额和国内广阔的市场，或许可以取得同样效果，当然，取得效果尚需时日，需要耐心努力。

从中长期来看，稀土行业的可持续发展还需要依靠自身的产业升级，避免加工与利用上依赖国际市场。稀土作为一种重要的战略资源，是相关高新技术发展的重要原料，需要具体政策扶持产业升级，提高加工和利用能力，尽可能将稀土利用于本国市场，让自己的资源为自己的经济发展出力。此外，稀土战略储备，出口还是开采都需要进一步规范，这对于国际定价谈判都是积极因素。

在稀土价格大幅度上涨后，国际上似乎已经开始了开发稀土资源的进程。

据说，美国的 Mountain Pass、澳大利亚的 Mount Weld、Nolans Bore 等矿山开启的产能将达到 80 万吨左右。中国的稀土资源储量毕竟只占到全球的 23% 左右，过去供应全球市场是依靠不考虑环境和资源代价的低廉价格，稀土资源在历经此前不合理开发后，可能已经并非外界想象得那么"富足"，而国内的稀土需求日益强大。随着国际上重新开启开发稀土资源的进程，今后国际稀土供应的格局会发生变化，需要我们及早考虑应对。

第 7 章
重要事件解读

7.1　天然气并购事件①

7.1.1　中国燃气并购中的各方博弈

2011 年 12 月 13 日，新奥能源控股有限公司（简称新奥能源）与中石化宣布，拟以 167 亿港元联手收购中国燃气（简称中燃气）所有流通股，要约价为 3.5 元每股。其中，新奥能源将支付要约总价的 55%，中石化承担 45%。此次收购是我国央企和民企首次联手收购境外上市公司，收购如能成功的话，新奥将控股中国燃气（持有 41.25% 的股权），成为国内第一大燃气公司，而中国石化将成为其第二大股东，并由此在天然气下游获得相应的发展空间。

中燃气的问题是明显的。自 2010 年 12 月中燃气高层出事之后，其董事会便"事故不断"，内部争斗导致中燃气股价急剧下降。中燃气近年扩张比较快，比如加快液化石油气（LPG）市场的资产并购，通过完成对百江的并购，加大了对江苏、浙江、安徽、福建等终端市场的整合等。但是，中燃气股权分散导致的股东矛盾冲突和管理不善，按业内的话说，已经到了"非重组不可"的地步。如果真是这样，相对而言，接受新奥能源和中石化的并购应该是比较好的出路。首先，目前股东分散和内部争斗的局面可以得到解决。其次，新奥能源是中国仅有的两家有投资级别评级的民企之一，接受新奥能源有利于提高中燃气治理能力。最后，也是更为重要的，同一行业的并购带来更大的市场份额，有点像"强强联合"（尽管不是联合），其中的好处显而易见。

对于新奥能源来说，在中燃气股价低迷的情况下提出收购要约，无论出于

---

① 本部分内容为作者发表于 2012 年 8 月 31 日《中国证券报》上的文章——《天然气价改要对垄断说"不"》、2012 年 8 月 30 日《京华时报》上的文章——《并购中燃：没有输家的博弈》。

何种动机，都是一个不错的投资机会。如果再搭上中石化，对于新奥能源来说这应该是个大利好。如果收购成功，新奥能源不仅扩大了市场占有率，而且通过与中石化联手，也使其上游的气源稳定性得到了加强。新奥能源已在我国燃气下游中占有了相当比例，投资和运营了100个城市左右的燃气基础设施项目，为610多万居民用户、21 000多家工商业用户提供各类清洁能源产品和服务，市场覆盖国内城区人口逾4900万。而中国燃气目前在151个市（区）拥有管道燃气业务，包括天然气管理输送项目、液化石油气码头及压缩天然气加气站等。并购可以明显地增加新奥能源的竞争力，确立其在燃气行业内领先地位。

对于另一个并购主体中石化来说，背后的利益比较间接。中石化主要想通过中燃气开发下游的燃气分销市场。中石化过去的发展重点在于天然气生产和管道运营，很少涉足城市燃气，其下游的城市燃气主要集中在一些小城市。与中石油一样，近年来中石化加大了对城市燃气的投资，由于城市燃气供应商是自然垄断，而且大部分城市燃气经营权已在几年前分配出去，能介入经营的城市燃气项目非常有限，通过并购是中石化进入城市燃气快捷途径之一。

此次收购博弈比较激烈，这应该是并购过程中常见的，不足为怪。据说，想收购中燃气的企业不止新奥能源一家，有传闻说中信资本和中石油等也计划收购中燃。小股东富地石油和韩国SK也多次增持，都想在并购中得到更多的好处。

博弈各方目前似乎都是赢家。收购消息出来后的两个半月里，中燃气股价大幅度上涨，保持在高于要约价之上；即使收购不成功，新奥能源和中石化也没有损失。

7.1.2 中国燃气并购将如何影响消费者

新奥能源与中石化联手收购中燃气开始于2011年12月的中燃气并购战充斥着合纵连横、资金博弈等大戏。除了并购几方博弈，还将影响终端消费者。消费者关心的是，如果并购成功，民用天然气领域会不会出现巨头垄断？天然气价格会不会因此上涨？并购如何影响消费者？针对这些问题可能需要从更为宏观的角度来看待这个并购。

近年我国天然气市场发展迅速，无论是从国内天然气消费总量，还是从在世界天然气消费量中的占比来看，中国都经历了较快的增长。国内天然气消费量从245亿立方米增加到1090亿立方米，占一次能源结构比例从1%左右上升到3.5%。我国能源结构中煤炭占70%，低碳发展要求降低煤炭的比例，天然气将是今后几年最具潜力的煤炭替代品。随着三大天然气管道通气（中俄东西线、中缅和中亚），2020 年我国天然气占一次能源结构比可能上升至 8%，可以预见，未来天然气市场仍可以保持快速增长，将极大地吸引投资者。

随着天然气的对外依存不断增大，天然气价格需要与国际接轨，以保障供应的可持续。2011 年 12 月，国家发展和改革委员会发出通知，决定在广东和广西开展天然气价格形成机制改革试点，改革采用国际上比较通用的市场净回值法①，以进口燃料油和液化石油气作为可替代能源品种。

价格机制改革往往需要行业体制支持才能真正有效。世界上现行的竞争型天然气市场的气对气竞争，是指强制性允许第三方进入政策，该模式要求管道公司或地方配气公司向第三方提供运输服务准入，通过竞争性的市场供需关系决定天然气价格，也有一些国家进一步将竞争延伸到了所有零售用户。因此，我国天然气价格改革将以实现零售市场的竞争为目标。而如果并购成功，那么，新奥能源将拥有近 80 个地级以上城市的专营权，占全国市场的 20% ~ 30%。而一个地区燃气市场份额过度集中，将不利于我国今后天然气市场化改革。即使在目前的价格机制下，过度集中也可能出现整体提高账面的生产成本，与地方政府博弈提价。

更为重要的是中石化的介入。中石化已经对燃气产业链上中游实现了垄断，再参与下游则会形成对产业链的整体垄断。新的天然气价格机制将在全国推广，西气东输沿线的省份目前气价比较低，未来可能面临着终端价格较大幅度的上涨。如果地方政府无法将城市门站价的上涨幅度完全转嫁给终端用户，那么，城市燃气公司利润空间将受到挤压，向上游求助应该也是可以理解，而上游企业也会趁机介入。中长期而言，产业链垄断不利于市场化改革，对终端消费者一定不是好事情。

如果政府希望天然气市场健康发展，可能有必要有意识地限制上游企业的介入。随着天然气市场逐步扩大，涉气企业都想取得规模化优势，尽可能地扩大市场份额，这将是今后燃气市场的主要发展趋势。而在这个过程中，政府需要对垄断有一个比较长远的理解。

7.2　大宗商品价格回落有助经济企稳回升②

2012 年，煤炭、石油、铁矿石等国际大宗商品价格出现了较大幅度的回

---

① 市场净回值定价法：以商品的市场价值为基础确定上游供货价格，而商品的市场价值按照竞争性替代商品的当量价格决定，最终用户价格按市场价值确定。

② 本部分内容为作者发表于 2012 年 7 月 12 日《人民日报》上的文章——《大宗商品价格回落有利经济回暖》。

落。这些大宗商品价格的回落，对下游行业来说无疑是一个利好消息，特别是饱受煤炭、铁矿石价格冲击的电力、钢铁行业，从中受益不少。铁矿石价格的回落，并没有扭转钢铁行业亏损的局面，这主要受钢铁需求疲软的影响，但总体上来说对钢铁行业还是利好的。

这些上游能源资源产品价格的下跌，对本行业来说，会带来一定冲击，但这种冲击并不明显，煤炭、石化行业的利润仍然是有保证的，尤其是煤炭，前几年价格涨了很多。当然，铁矿石价格的回落，对国内矿业企业会带来较大的负面影响，因为我国铁矿石品味普遍较低，一般只有国际铁矿石价格处于高位的时候，我国铁矿石开采才具有一定的商业效益。

大宗商品价格对下游产品价格的传导效应非常强，其价格的回落对管理我国通胀十分有利。2008 年国际金融危机后，大宗商品在急速下跌后，又经历了一轮暴涨，致使近年我国输入性通胀压力非常之大。本轮价格的回落将大大缓解我国的通胀压力，2012 年 6 月 CPI 的回落就与国际大宗商品降价密切相关。

有人担心，大宗商品价格的回落会对我国经济造成通缩，降低企业投资意愿，加大国家治理通缩的难度等。这种担心可能有些多余。目前大宗商品价格的降幅还不算很大，不足以形成通缩。而且，在当前"稳增长"的财政、货币政策条件下，物价仍有一定上行的压力。

大宗商品价格的回落，对国际经济的复苏，以及我国经济的企稳回升都将起到非常积极的作用。高企的大宗商品价格，特别是油价，对世界经济的伤害非常大。以往国际经济金融危机的爆发，通常都与高油价有关。但需要注意的是，随着国际国内经济的企稳，大宗商品价格也会出现稳步上升的态势，继续大幅回落的空间不大。

7.3　中海油收购尼克森①

2012 年 7 月 23 日，中海油宣布将以 151 亿美元收购加拿大大型能源企业尼克森石油公司，同年 12 月 7 日加拿大政府宣布决定批准中海油尼克森公司的申请，至此，中海油基本完成了中国企业在海外的最大宗能源收购，也是中国企业进入北美能源市场的最大规模举动。

近年来中国国内石油对外依存度不断攀升，国际上，尤其是中东政局持续动荡，能源安全日趋恶化。凭借着充裕的资金，中国能源企业加快了收购欧美

①　本部分内容为作者发表于 2012 年 12 月 18 日《东方早报》上的文章——《为何中海油能成功收购尼克森》。

能源企业的步伐，但这一过程却是困难重重。例如，2005 年，美国国会就是以"存在安全问题"为由，阻止中海油收购美国大型油企优尼科公司。其中的一个重要原因在于收购牵扯到中国政府，国有的能源企业和国有的银行常常使中国能源企业的海外并购不只被看作是纯粹的商业行为。2012 年这起尼克森收购案，加拿大政府审批过程持续了近五个月的时间，在执政的保守党内部引起争议，争议中最主要就是反对外国国有企业尤其是带有政府色彩的中国国有企业收购加拿大能源公司。此次中海油收购尼克森成功，影响是巨大的，其成功的原因有很多方面。

首先，国际能源环境发生了变化。作为一个资源国家，加拿大的能源市场正在发生变化，随着美国页岩气革命带来的"能源独立"，美国能源对外依存度可能不断降低，加拿大出于战略考虑急需寻找一个新的市场，而从总量和增量看，中国市场就是一个很好的选择。无论如何，加拿大希望进一步扩大与中国及其他亚太国家的贸易与战略合作。

其次，全球经济疲软显然有利于并购。欧盟的债务危机是政府的危机，危机将迫使政府进行国有资产私有化，这对资金充足的中国能源企业是一个重要机会。另外，经济萎缩也使欧洲企业陷入困境，具体表现为资产价格大幅度下降和流动性紧张，迫使企业主动寻求外部投资者参股甚至收购控股权。

当然，中海油收购美国优尼科公司虽然以失败告终，却为中海油收购尼克森做了更好的准备，在并购细节上中海油给出了一系列的承诺。尼克森公司资产规模大，项目分布广且负债较多，中海油作为成长中的能源企业，得益于中国广阔的市场空间和宽松的资本环境，对尼克森股权高溢价收购，且开出了包括承担尼克森的 43 亿美元债务、保留尼克森现有管理层和员工、投资开发加拿大的油气资源等优厚条件，无疑有助于保证尼克森的可持续发展，符合公司股东及加拿大公众利益。

此次并购的成功对于包括中海油在内的中国能源市场都有着深广的影响。作为至今最大的能源并购，这一案例成为中国企业成功"走出去"的典型，提高了中国能源企业海外并购的信心。

中国的石油企业"走出去"的宏观战略从刚开始的寻找能源资源到目前的全面参与，需要一个过程。"走出去"寻找能源资源是建立在国际能源价格将长期持续走高的假设前提下，希望在今后能源价格高昂的时候，中国受能源价格的净影响会小一些。而中国石油企业"走出去"全面参与的重要意义在于学习和经验积累，尤其在引进能源技术、培养管理人才和企业经营经验方面。人口基数大和人均石油消费低说明中国石油需求在相当长一段时间内仍将大幅度增长，由于市场容量扩张，中国的石油企业将位于"500 强"前列，但目前在"积淀"上仍有很大差距，通过"走出去"形成跨国能源集团，实现从简单"买资源"到全面石油产业链经营的转变。

中海油，顾名思义其主要优势在海上，中海油实现"上岸"的梦想由于中石油、中石化的行业垄断而困难重重。此次收购解决了中海油上游业务在陆地的短板，并增强了其对油砂和页岩气等非常规资源的获得能力，同时中海油也将因尼克森优良资产及有经验的员工队伍和技术的加盟而受益。尼克森的能源项目主要集中于三大领域：常规油气、油砂和页岩气。并购大幅提高了中海油资源储备及产量。截至 2011 年年底，尼克森拥有 9 亿桶油当量的证实储量及 11.22 亿桶油当量的概算储量，并且拥有以加拿大油砂为主的 56 亿桶油当量的潜在资源量。2011 年中海油全年平均日产量为 90.9 万桶油当量，尼克森 2012 年第二季度的平均日产量为 20.7 万桶油当量。收购完成后中海油日均油气产量有望提升 20% 以上。

然而，并购成功只是"走出去"的第一步，应该说是整个过程中比较容易的一步。国际上被并购的企业，大多遇到经营或战略困难，如何解决被并购企业的困难，把企业做得更好，而不是搞得更糟，是一个很大的挑战。相较于中石化、中石油，至少从表面上看，中海油经营效率似乎较高，并且在全球油气行业中，中海油的每桶油当量净利润比和股本回报率都位居前列。但此次并购中，中海油除了要支付 151 亿美元的交易资金外，还将承受尼克森 43 亿美元的债务，如何保障如此巨额的投入有合理的回报、保证国有资产保值增值，中国老百姓和中海油一样压力巨大。

虽然中海油有 30 多年的对外合作经验，但在国际经验和国际经营管理人才上仍然存在严重不足。对中海油来说，如何顺利推进并购后的要素管理和资源整合，是一个很大的考验，而如何适应国际经营环境，也是一个重要挑战。在对待公共事件的态度上，中海油的国际化程度或许高于它的国内同行，但是在公共关系的协调及处理上依然存在较大的问题（如 2011 年的渤海湾溢油事故）。因此，中海油对于公共关系处理需要给予足够的重视。

运营风险乃至今后的政治风险都是其应慎重考虑的因素。加拿大特别担心的是外国国有企业对加拿大工业的可能影响和外国政府对该国有企业的可能影响，也表示今后对外国国有企业收购加拿大能源企业的审批将更加严格，将作为特殊情况，以特案来进行审理，按其是否符合加拿大的纯利益进行更为严格的审查。这就意味着，外国国有企业在收购加拿大能源资源类企业时将更为困难。加拿大如此，其他能源资源丰富的国家大致也是相似的态度。因而面对并购可能存在的困难和风险，在油气领域的海外并购中，除中石油、中海油等央企外，国家还应鼓励引导民营企业和外企参与，减少对政府参与的嫌疑，使并购资金多元化并分担并购风险，这样同时也能加快对外开放步伐，全面提升国内能源企业的市场竞争力和国际化水平。

如果把"走出去"看作是对"资源在外面"的解读，我们还需要好好利用"市场在里面"的优势。即转换思路把能源的"引进来"作为另一个可能。"引进来"与"走出去"在保障能源安全战略的本质上并无差异，但其好处明显不同。"引进来"模式不会触及各方面对能源问题的敏感，同时还可以避免许多海外能源资产并购中的种种麻烦，同时在双方的磨合中，中国企业可以不断国际化成长。并且朝前看，还可以帮助相关国家摆脱对西方发达国家市场的过重依赖，是个双赢的模式，可以在应对日益复杂的石油政治局势中取得先机。

7.4　欧盟航空碳税

7.4.1　欧盟航空碳税如何了局[①]

2012 年，欧盟航空碳税问题再次引发了中欧之间的交锋。2012 年 5 月 16 日，欧盟官员对尚未提交 2011 年航空碳排放数据的中国和印度的 10 家航空公司发出警告，指出其如在 6 月中旬前仍未按照要求提交数据，欧盟成员国可能将会对其进行处罚。

欧盟航空碳税法案自公布之日起，就遭到了除欧盟之外多个国家的强烈反对和质疑。2012 年 2 月包括中国、美国、俄罗斯在内的 26 个国家甚至联合制定出了反对欧盟航空碳税的一揽子"报复性"方案。然而不同于先前的多国"联合抵制"，此次欧盟提供的数据中除了中印 10 家航空公司外，所有欧盟航空公司和其他国际航空公司共 1200 家都已提交碳排放数据，这样好像抵制阵营中仅剩中国和印度扛着，航空碳税博弈的天平似乎也逐渐向欧盟一侧倾斜。

世界各国反对欧盟征收航空碳税的主要理由包括：第一，飞经欧盟的飞机并非全程都在欧盟范围内进行飞行，但欧盟却要对其征收全程的费用；第二，欧盟单向征收税收的行为违反了 WTO 成员国的货物和服务贸易不能设置壁垒的自由贸易原则；第三，以减少碳排放为名征收的费用没有直接用作全球"碳减排"而是最终归欧盟所有和支配；第四，欧盟碳排放体系免费配额计算

[①]　本部分内容来自作者发表于 2011 年 11 月 7 日《中国科学报》上的文章——《航空业碳关税不似过路费那么简单》。

采取的是"祖父原则",即历史排放量越多,未来获取的免费配额就越多,这一原则并未考虑各国航空公司所处发展阶段的不同及其排放的历史责任,明显有悖于《联合国气候变化框架公约》所确立的"共同但有区别的责任"。

处于不同发展阶段的国家反对的理由不同。美国、俄罗斯、加拿大等发达国家反对的理由主要集中在前三点。为了扭转这些国家的态度,改变欧盟的劣势地位,欧盟可能会采用"利益均沾"的方式分化反对阵营,如将碳排放税的80%返还给航空公司,与美国联手共同制定航空业减排规则等。而且针对这些国家可能对欧盟征收对等航空碳税的情况,欧盟提出了只要第三方国家可以提供有效的减排措施,欧盟将会考虑将其排除在欧盟航空碳排放交易机制的范畴外,欧盟的这些措施都有可能引发美国等国的倒戈。

但是,像中国、印度等发展中国家,则直接对欧盟的航空"碳减排"原则提出质疑。发展中国家有难处:一则不宜向消费者转嫁碳税成本,二则短时间内无法提出欧盟要求的"公开、透明、可监控"的有约束力的减排方法,三则这些国家航空业正处于快速发展时期。现在看来,未来欧盟航空碳税的负担将可能更多地落在中国、印度等正处于快速发展的发展中国家身上。因而航空碳税的角力最终有可能会演变为欧盟与中国、印度等发展中国家间的博弈。

面对这一形势,中国该如何应对?针对欧盟的此次警告,中国民航回应:坚决不予参与。而对有可能面临的惩罚措施,中国民航局也在积极研究采取反制在内的各项措施。但如若真的采取反制措施,则必然会引发双边贸易战,造成"双输"局面。对于欧盟来说,若航空碳税引发国际贸易争端,势必会使欧洲经济"雪上加霜"。而且从欧盟内部来看,也有部分航空公司要求叫停航空碳税。因此,欧盟要对中国实现惩罚性措施,必然顾虑重重。

但从目前形势来看,欧盟态度强硬,中国若不交,便不能进入欧盟领空的结局并不是完全没有可能出现。毕竟航空碳税不及限制入境等问题复杂,因此欧盟内部此前应该已经仔细衡量过这样做的利弊。

无论如何,争端乃下策。低碳发展是共同目标,中欧双方应该可以寻找一个双方都能接受的机制来征税。对于中国企业来说,需要正面应对低碳。要想在低碳全球化中获得先机,就必须从现在开始重新审视自己的定位和低碳发展战略。在目前欧盟已经通过立法确立航空碳税的前提下,如果无法要求欧盟完全取消征税,就需要更积极寻求在怎样征税的问题上,更灵活地与欧盟达成一致。

其次,应该以人均碳排放权为基点,在低碳问题上有更主动的应对措施。航空碳税只是欧盟向全球输出"绿色技术和管理模式"的第一步,如果成功运作的话,还会进一步推广至海运业及其他行业。可以说,航空碳税的推出在一定程度上也决定了未来低碳全球化下国际规则的制定。因此，中国必须在低碳博弈中争取到更多的话语权和领导权。

人均碳排放权是解决发展中国家和发达国家共同减排的关键。中国民航业是在最近一段时间内取得快速发展的，由此从发展的角度看，中国民航的排放增量应该得到理解。欧盟实行的是总量控制，由于中国民航业处在快速发展阶段，在欧盟现推出的航空碳税的框架下中国承受的碳税成本将会越来越大。由此，需要兼顾中国的发展阶段，寻求符合"共同但有区别的责任"，又可以实现欧盟所倡导的减排。

再次，从长远来看，中国应该积极鼓励企业提高能效，实行减排。未来，在低碳全球化的背景下，无论是哪个领域，碳排放水平高低将直接影响产品的竞争力水平。因此中国企业应该从现在开始，确定低碳发展的战略和方向，加大低碳技术的研发力度，提高低碳技术创新的水平。

最后，中国必须尽快构建完善的碳金融体制。发达国家俨然已经把低碳做成推动经济增长的机会，未来的贸易保护也多会打着低碳发展的旗号。航空碳税的推出表明欧盟已经在争夺制定低碳经济发展的国际规则、环保标准和气候变化国际谈判等方面的领导权。而支撑欧盟争夺领导权和定价权的前提除了资金和低碳技术优势外，完善的碳交易体系也必不可少。

7.4.2　欧盟需要台阶来彻底放弃征收航空碳税①

2012年11月12日，欧盟委员会建议，暂时停止实施欧盟单方面采取的对进出口欧盟国家的民用航班征收碳排放税的措施，该暂停计划时限为一年。由此，自2011年5月以来的各国政府和欧盟之间的航空碳税博弈暂时告一段落。另外，欧盟官方还表示，期望2013年秋天的召开的国际民航组织大会能够达成一项全球性的解决方案，否则，航空碳税还将继续。

欧盟2011年5月宣布从2012年1月份起将航空业纳入欧盟碳排放交易系统，飞经欧盟的航空公司可免费获得碳排放配额的82%，剩余份额中的15%将由航空公司通过拍卖的方式获取，其余3%的排放量将被分配给高速成长中的航空公司及行业后来者，希望通过机制来保证欧盟航空业的碳排放逐年下降。但对于世界其他国家而言，这相当于每次进出欧盟就得向欧盟交"绿色买路钱"，将大大增加民航业及国际同欧洲商贸的成本。而且欧盟碳税的影响是不均衡的，对中国和印度等正在成长的航空公司影响可能最大，据测算，如

---

① 本部分内容为作者发表于2012年《环球》上的文章——《欧盟叫停航空碳税或是缓兵之计》。

果征收，中国航空企业到 2020 年将累计支付达到 176 亿元。

由于欧盟事先没有与其他国家和地区充分协商，便单方面强制征收航空碳排放税，此项措施一经推出，便遭到大多数与欧盟有航空服务贸易往来国家的抵制。欧盟此番暂停征收航空碳税应该是在各方压力之下的妥协之举，主要有两方面的原因：一是，欧盟正值债务危机，经济正处于低迷阶段，经济复苏还要依赖全球力量，而此番征收航空碳税导致跟中美等贸易大国关系紧张，还可能引发贸易战，这样的后果欧盟目前承受不起；二是，欧盟内部各国的财政经济状况不同，面临的压力也不同，内部对此项政策的支持度也不同，比如说，2012 年空客公司的客机订单急剧下降，光中国地区就损失了 120 亿美元订单，由于空客公司由英国、法国、德国和西班牙的企业组成，以上四国在 9 月也开始反对征收航空碳税。在如此内外交困的局面下，欧盟暂停征收航空碳税也就不难理解了。

不过，欧盟需要一个台阶来彻底放弃征收航空碳税，那就是全球性航空减排方案。说实话，期望在 2013 年秋季召开的国际航空组织大会上达成一个全球性航空减排方案，还是很困难。目前国际民航组织提出的四个替代欧盟航空碳税的方案，不同国家又可能有不同的选择。但是，国际航空组织无论如何要推出方案，哪怕是不太成熟的方案，也是一个很好的推延征收航空碳税时间的办法。对中国航空业而言，需要积极参与谈判，积极促进国际多边减排方案的达成。

但是，对欧盟来说，此番妥协是在强大内外压力和报复威胁下的不得已选择，一旦外部条件趋缓，如果见不到减排方案，它们一定会重拾旧题。所以，我们应对欧盟征航空碳税，除了拖延时间，应更为宏观长远地思考这个问题。欧盟虽然说的是碳排放交易系统，实质是对航空业征收"碳关税"。欧盟和美国等发达国家都将"低碳发展"视为其经济发展的新契机，此番欧盟的航空碳税的尝试，更是将其想法表露无遗，我们可以将欧盟的此番尝试作为低碳经济的预演。

在低碳全球化的时代，其他国家有可能将效仿欧盟对其过境的航班也征收碳排放费用，后来就会有国家将对其他进出口商品重复征收无区别的"碳关税"，今后的贸易保护也就可以打着低碳发展的旗号。发达国家可能通过贸易（碳关税）和其他非贸易手段（减少能源补贴），迫使发展中国家减少排放。发达国家可以一方面利用资金和技术优势，创造低碳技术和管理的制高点，然后在气候谈判中施加温室气体减排压力，借机向外输出"绿色技术和管理模式"，另一方面提高进入市场产品的环保标准，制造"绿色壁垒"。

对于中国企业来说，低碳全球化带来的挑战是全方位的。不仅仅是现在的民航公司，所有的企业都要做好迎接挑战的准备。首先，企业必须努力适应不断上涨的能源、交通、废物处理和原材料价格对其生产成本的影响；其次，企业必须理解并遵守日益严格的环境法规和减排政策，比如欧美排放贸易规定和体系、与气候变化相关的税收（如碳税）等，还有新工业和建筑标准；最后，企业是主要碳排放者，必须承担相应的社会责任，面对环境影响和经济影响给企业带来的压力，以及不断形成的发展新障碍。

当然，低碳全球化也带来了机会和新的市场。低碳发展的压力将迫使企业必须努力优化现有产品的碳效率（单位产品的温室气体排放量），包括基础设施、供应链和成品；设计能够满足大幅度减排要求的新型低碳解决方案。这将打破现有产业布局并创立新产业价值链。同时，低碳全球化还将促进低碳技术创新，促进企业在减排的同时，提高效率增加盈利。

总结一下，欧盟暂停征收航空碳税，对全球民航业来说是一个短期利好。但我国民航业需要继续应对，因为事情没有完。一方面，要积极进行国际合作，促进多边解决方案的形成；另一方面，也要为未来的低"碳减排"做好准备，是企业由被动转为主动应对，抢占低碳经济发展的先机。

7.5 中俄合作

7.5.1 参与俄远东开发，我们可以得到什么[①]

普京上台之后的种种措施都表明了俄罗斯开发远东的决心，而且明确表示要借助中国。近年来，中国同俄远东地区交往明显增多，尤其在能源贸易上似乎潜力无限。普京强调俄方有能力并且愿意在确保亚太地区能源供应方面发挥关键作用。俄罗斯承诺加大对东部地区天然气、石油及其他矿物资源的开发，发展远东地区的能源产业及相关基础设施，那么，参与俄远东开发，我们可以得到什么？

参与俄远东开发，我们希望可以获得大量相对便宜的能源供给，防范能源价格风险。从原油进口这一项来看，中国石油进口的增量大部分来自于中东地区，而中东地区长期持续的局势动荡，将导致国际油价大幅度波动，目前我们不得不忍受这种能源价格风险，承受国际油价上扬给国内带来的通胀压力。而俄罗斯和中国毗邻，政治局势稳定，从俄罗斯进口石油可能要比从中东、非

---

① 本部分内容为作者发表于 2012 年 10 月 11 日《中国科学报》上的文章——《参与俄远东开发能得到什么》。

洲、拉美等地进口要便宜些，即使在价格上不占便宜，其地缘政治风险也比较小，可以减少风险溢价。

参与俄远东开发，从俄罗斯进口能源可以促进中国进口能源格局上地理来源和能源品种的多元化。如果我们能多一条从俄远东地区进口煤炭的渠道，就可以减少对澳大利亚煤炭的依赖性，那么我们一方面可以防范中断能源供给带来的冲击，另一方面也可以增强我国在能源市场上的议价能力。现阶段，中国是世界上最大的能源增量市场，各个国家都想从中国的快速增长的市场中获益，但是中国却缺乏对能源的议价能力。参与俄远东开发，中国可以通过促进能源进口多元化来增强手中的议价能力，能在一定程度上防范能源价格风险，并且降低对某一地区的能源进口依赖性。

俄罗斯的能源大部分储存在西伯利亚和远东地区，该地区的能源存储量大、品种丰富。中国参与俄罗斯远东地区开发，还可以获得多种能源供应，促进能源品种多元化。除了煤炭、石油，中国还能从远东地区获得大量的天然气和水电等能源。早在 2005 年左右，中国便和俄罗斯达成意向，计划在 2015 年以后年均向中国输送 380 亿千瓦的电力，输送地区由东北地区延伸至华北地区。中国通过投资帮助远东滨海地区建设水电站，增加水电的输送，除了促进能源进口品种多元化外，还有利于温室气体减排。

远东天然气预测储量为 13.43 万亿立方米，煤炭地质储量为 5.5 万亿吨，已探明储量 298 亿吨，占俄罗斯全国探明储量的 40%。铁矿储量为 25 亿吨，贵金属储量占俄罗斯近一半。地理上的毗邻和俄罗斯远东地区能源储量大的特点，可以为我国提供稳定的能源供应，有效防范能源供应中断的风险。此外，由于中国参与了俄罗斯远东开发，里面牵扯到两国的大量商业利益，我们便无须太过担心能源会突然中断供应。

因此，中国参与俄罗斯远东地区开发，对我的能源安全和保障能源供应而言，应该是利大于弊的。但是，和俄罗斯人打过交道的人都知道很不容易，因此这一过程需要双方的努力和诚意。

7.5.2 俄远东开发对中国能源安全的影响[①]

普京在符拉迪沃斯托克举行的亚太经合组织峰会上发言时说，俄罗斯今后将重视对远东地区的开发，并将积极推动该地区与亚太经济体之间的合作。近年来，俄罗斯开始紧锣密鼓地部署远东开发。普京特别强调要利用中国经济和

---

① 本部分内容为作者发表于 2012 年 9 月 19 日《经济观察报》上的文章——《参与远东能源开发有利》。

市场潜力开发远东，2012 年 1 月份他提出建立国家公司发展远东的建议，紧接着 3 月底俄经济发展部制订了《西伯利亚和远东发展法》草案，提出相关政策举措，然后 5 月份俄政府正式成立远东发展部。在绥芬河对面，俄已划拨 14.5 亿卢布（约合 3 亿元人民币）改建口岸，把一进一出两条通道，改成双向 24 条通道。

　　普京上台之后的种种措施，都表明了俄罗斯开发远东的决心，而且明确表示要借重中国。其中的原因不外乎有三个：首先，占国土面积 80% 的西伯利亚和远东地区自然资源非常丰富，却人烟稀少，经济落后，在包括中国在内的东部亚洲邻国快速发展的对比之下，这种差距更为明显；其次，西伯利亚和远东地区有望成为俄罗斯经济新增长点的潜力；最后，亚太地区政治经济重要性的上升和美国战略重心东移，也令俄罗斯不得不做出应对。

　　中国参与俄罗斯远东地区开发，势必会对本国能源安全产生巨大影响，那么对于中国来说，能源安全是什么，参与远东地区开发又会有什么影响呢？

　　由于现阶段中国经济发展对能源需求有很强的依赖性，中国的能源安全问题也是中国经济的可持续发展问题，因此它可以定义为：以合理的价格满足经济发展需要的能源供给稳定性，以及对人类生存与发展环境不构成威胁的能源使用安全性。宏观层面上，中国的能源安全主要包括两方面的含义：一是能源供给是否存在中断的风险；二是能源价格是否会大幅波动的风险。

　　具体来说，现阶段威胁中国能源安全的问题主要是较高的石油进口依存度、以煤为主的能源消费结构及相对低效的能源运输体系等。这几个问题也将在今后很长一段时间内威胁中国的能源安全，并制约中国的经济发展。低效的能源运输体系可以在中短期内通过科学的规划和建设来解决，但大幅度改变以煤为主的能源结构和减少日益增大的石油对外依存度，则需要长期的努力才能予以解决，这远比第一个问题要困难。此时中国参与俄罗斯远东地区开发，对于中国能源安全而言意义重大，远东的石油煤炭资源对于解决后两个能源安全问题，更是如此。

　　或许有人会担心：虽然我们减少了对其他地区的能源进口依赖性，但是我们也同时增加了对俄罗斯的依赖性。从目前的情况看来，中俄两国的能源互补性是双赢的基础，我们和俄罗斯一定会有大量的商业往来和利益牵扯。当然，我们也需要防范俄罗斯的能源供应中断的风险。

　　对此，笔者认为的确存在这样的风险，但是它并不值得我们过分担忧。俄罗斯对我国的能源供应是一个局部的量，无论今后两个国家的能源贸易发展有多大，和中国整体能源电力需求相比，都还是相对小的一部分，况且我们把俄罗斯当成一个新的能源进口来源，而不是唯一的来源，只是改变以往石油进口的鸡蛋过于集中在一两个篮子的状况。和防范俄罗斯突然中断能源供应的风险相比，现阶段能源进口渠道集中在动荡的中东地区的问题，更值得我们担忧。

7.5.3 中俄能源合作不顺利，但前景广阔[①]

2012年12月5日，中俄能源谈判代表会晤在莫斯科举行。此次会晤双方似乎就石油、天然气和核能领域的一系列问题取得了新的共识和成果，表明将进一步拓展和深化煤炭、电力、能效与可再生能源领域的研究和应用，且签署了四项合作文件，看起来在中俄双方在各能源领域的合作都取得了一些进展。

两国就能源战略和合作模式达成共识。从会晤的几项成果来看，谈判最大的收获主要在于双方就中俄两国能源互补性及合作模式多元化达成了更进一步的共识。以天津炼厂为重点项目，双方更加深刻认识到稳固并推进两方上下游一体化合作模式，实现利益共享、风险同担的重要性。同时，双方不仅将增加两国天然气贸易量，也认识到中俄管道的建设和启动必须东西兼顾，并最终取决于中国的市场需求和成熟度，才能保证双方的合作利益。此外，会上双方表示，今后两国的合作将不止于石油、天然气，还将在电力、煤炭、能效及可再生能源领域积极寻找新的合作契机。可以说，这次会晤对于解决中俄单一的贸易结构，丰富两国的合作内涵，拓宽两国的合作领域，加强两国战略合作伙伴关系有着积极的影响，无疑对于解决目前我国能源问题也有着重要意义。

俄罗斯有能源而且政治商业环境相对稳定，而我国能源问题主要体现在能源需求总量大、能源结构以煤为主、能源利用效率较低及能源安全问题日益突出等，两国的能源互补性非常强。直观地看，中俄能源合作可能有利于缓解我国能源消费的资源和环境压力，优化能源消费结构。而能源产业上下游资金、技术和人力一体化的合作模式，很大程度上也有利于我国能源安全。重要的是，俄罗斯相比中东和非洲来说局势较为稳定，中俄的合作对中国能源安全有着更高的保障。根据"十二五"规划，为保证经济稳健发展，中国必须增加石油和天然气进口量。此次会晤和中俄双方能源领域合作取得的进展，将为中国经济发展和能源战略带来重要影响。

然而，合作的困难是明显的。首先，天然气价格依然悬而未决，双方在天然气价格问题上仍然保持僵持状态，这应该是目前中俄两国能源合作一个焦点问题。两方不断强调各自理由，俄方希望卖得贵一点，中方希望买得便宜一点，但两者差异很大，俄罗斯丰富的天然气能源需要寻求买家，而中国低碳经

---

① 本部分内容为作者发表于2013年《环球》上的文章——《中俄能源谈判难点何在》。

济发展对天然气消费缺口很大，最终会达成一致，但是，本来属于国际能源贸易中正常的价格博弈，给中俄两国能源合作带来很大的不确定性。

其次，尽管两国就一体化合作模式有着高度共识，但事实上，两方在合资建厂、技术和人力资源交换合作过程中或将存在很多摩擦，尤其是能源企业进入对方市场的进程可能是困难重重。能源企业对中国和俄罗斯都有着特殊的战略意义，一直受到国家严格的审核和监控，俄罗斯是近年来才开始逐渐允许外国资本和私人资本进入能源企业，因此，一体化合作模式需要充分准备，对对方的投资和法律环境有个清楚的认识和深入的研究，这需要时间。

但是，合作显然会随着时间的推移而不断扩展。中俄能源合作是建立在符合双方共同利益的基础上，对两国都有着重要的战略意义。从目前的进展来看，双方的能源合作总体上不是很顺利，但无疑前景广阔。

从未来合作的领域来看：首先是能源商品贸易方面，以石油和天然气为重点，两国在煤炭、电力和可再生能源等领域也具有很好的合作空间。中国将是世界上最大的煤炭进口国，但目前每年从邻国俄罗斯进口的份额却不足6%。电力方面，根据现有协议，俄罗斯将在未来20年对华输电600亿千瓦时，两国在促进中俄区域电网联网方面也还有很大的发展空间。其次，双方还可以在简单的能源贸易基础上，进一步加强中俄两国在能源设备、技术创新、提高能效、节能减排及能源管理等领域的全方位合作。

从合作的方式来看，两国未来的合作可以更加多元化。双方可通过交换股权、技术和人才等方式帮助各自企业直接进入对方市场，包括建立合资公司、深度参与对方能源项目的开发，这些都将有益于解决价格分歧问题，加大两国技术和创新领域的交流和合作。建立两国政府、企业和社会的多级交流、对话和其他合作机制，增强双方互信，提高效率，缩短谈判周期，并通过社会金融和投资机构间对话机制，加强两国能源领域的信息沟通和共享，减少投资风险。

最后，尽管目前看来中俄合作前景良好，但今后两国的经贸摩擦势必也将随着合作关系的深入推进而日益增多。俄罗斯同中国的能源合作当然是基于自身的利益考虑，因此变数很多。中国在积极努力深入推进中俄合作项目，创新合作模式，加强两国合作关系的过程中，要不断加快和完善各项合作机制建设，深入开展各项目的可行性研究，把握合作风险，切实维护本国利益。

主要参考文献

迟宇 . 2013. 美国"能源独立"的思考 . 矿业装备, (03): 52-55.

董秀成 . 2007. 市场化: 成品油价格改革方向 . 中国石油企业, (03): 54-57.

段红霞 . 2010. 国际低碳发展的趋势和中国气候政策的选择 . 国际问题研究, (01): 62-68.

戴彦德 . 2010. 中国"十一五"节能成效与"十二五"节能展望 . 中国能源, (11): 6-12.

段龙龙 . 2011. 中国成品油定价机制: 基于计量模型的一个解释 . 科学决策, (04): 59-70.

付晓霞, 吴利学 . 2010. 中国能源效率及其决定机制的变化 . 管理世界, (9): 45-54.

龚金双 . 2009. 油市不再"风波恶" . 中国石油石化, (03): 17-21.

高宏霞, 薛英鸽 . 2009. 国际油价与石油公司业绩分析——以中海油、中石油、中石化为例 .
　　商业研究, (05): 172-174.

郭渐强, 殷仁述 . 2010. 成品油价格政策的多重目标冲突及化解途径 . 经济纵横, (01):
　　51-53.

高翔, 牛晨 . 2010. 美国气候变化立法进展及启示 . 美国研究, (03): 39-51.

何晓萍 . 2011. 中国工业的节能潜力及影响因素 . 金融研究, (10): 34-46.

海松 . 2006. 透析开放前夜的中国成品油市场——"中国成品油批发与零售行业展望"国际
　　论坛观点集粹 . 国际石油经济, (06): 32-37.

胡广阔, 王克 . 2009. 基于 ARIMA 模型的甘肃省能源消费预测 . 科学技术与工程, (20):
　　6002-6005.

黄光晓, 林伯强 . 2011. 中国工业部门资本能源替代问题研究 . 金融研究, (06): 86-96.

李海东 . 2009. 从边缘到中心: 美国气候变化政策的演变 . 美国研究, (02): 20-35.

梁波 . 2010. 中国石油产业发展范式变迁的组织社会学分析 (1988-2008) . 上海: 上海大学
　　.

李寿生 . 2011. "十二五"应合理控制能源消费总量 . 中国石油和化工, (02): 50.

李永江 . 2012. 积极推动核电项目出口 . 中国核工业 . (3): 32.

林伯强 . 2003. 结构变化、效率改进与能源需求预测——以中国电力行业为例 . 经济研究,
　　(5): 57-65.

林伯强, 魏巍贤, 李丕东 . 2007. 中国长期煤炭需求: 影响与政策选择 . 经济研究 . (2):
　　48-58.

林伯强, 何晓萍 . 2008. 中国油气资源耗减成本及政策选择的宏观经济影响 . 经济研究 .
　　(5): 94-104.

林伯强, 李爱军 . 2010. 碳关税对发展中国家的影响 . 金融研究, (12): 1-15.

林伯强, 刘希颖 . 2010. 中国城市化阶段的碳排放: 影响因素和减排策略 . 经济研究,
　　(08): 66-78.

林伯强, 杜立民 . 2010. 中国战略石油储备的最优规模 . 世界经济, (08): 72-92.

林伯强，姚昕，刘希颖．2010.节能和碳排放约束下的中国能源结构战略调整.中国社会科学，（01）：58-71.

林伯强．2010.危机下的能源需求和能源价格走势以及对宏观经济的影响.金融研究.（1）：46-57.

林伯强．2010.新兴能源规划应强调"有序"发展.中国石油石化，（23）：29.

林伯强．2010.低碳经济全球化和中国的战略应对.金融发展评论，（11）：32-37.

林伯强．2010.开放仅是第一步.中国石油石化，（12）：26.

林伯强．2010.碳减排或将改变传统国际贸易模式.环境经济，（11）：63-64.

林伯强．2010.争议阶梯电价.中国电力企业管理，（11）：20-22.

林伯强．2010.发展战略性新兴产业面临三大挑战.中国科技产业，（11）：63.

林伯强．2010.冷看中美清洁能源争端.中国石油石化，（20）：27.

林伯强．2010.如此节能不可取.中国经济和信息化，（19）：64.

林伯强．2010.成品油消费税"价外"惠各方.中国石油石化，（18）：29.

林伯强．2010."十二五"规划应考虑能源国情.中国石油石化，（12）：25.

林伯强．2010.中国城市化进程的能源刚性需求.企业技术进步，（08）：12..

林伯强．2010.石油被放大的"国际思考".现代商业银行，（07）：19-21.

林伯强．2010.我国"十二五"能源政策思变.中国市场，（29）：54-55.

林伯强．2010.放松天然气价格管制有利于市场成熟.中国石油石化，（12）：11.

林伯强．2010.勿让碳减排的全球化影响贸易全球化.中国石油石化，（11）：13.

林伯强．2010.节能应以市场手段为主.环境经济，（07）：64-65.

林伯强．2010.碳税阴谋论.中国经济和信息化，（07）：27.

林伯强．2010.节能减排应以市场手段为主.财经国家周刊，（06）：98-99.

林伯强．2010.低碳经济转型的电力发展战略调整.中国电力企业管理，（05）：24-25.

林伯强．2010.试论"十二五"低碳经济转型.中国中小企业，（04）：35-36.

林伯强．2010.核电大发展需优化配置铀资源.高科技与产业化，（04）：41-44.

林伯强．2010.短期经济结构调整无助节能减排.中国物流与采购，（04）：30-31.

林伯强．2010.企业需围绕"低碳"重新制定发展战略.中国物流与采购，（03）：32.

林伯强．2010.我们的汽车梦应该是一个电动汽车梦.中国中小企业，（03）：41-42.

林伯强．2010.发展战略性新兴产业 助推我国低碳经济转型.科技成果纵横，（02）：10-12.

林伯强．2010.越清洁 越安全.中国中小企业，（02）：38-39.

林伯强．2010.油价改革要考虑国内通胀承受力.企业家天地，（02）：21.

林伯强．2010.温室气体减排目标、国际制度框架和碳交易市场.金融发展评论，（01）：107-119.

林伯强．2010.走中国特色的低碳发展之路.农业工程技术（新能源产业），（01）：15-16.

林伯强．2010.加快天然气价格改革步伐.价格与市场，（01）：28.

林伯强．2010.未来30年我们有足够的能源吗.时事报告（大学生版），（01）：79-81.

林伯强．2010.低碳企业的下一个空间——"低碳时代"的企业生存之道.华人世界，（01）：

26-29.

林伯强.2010.危机下的中国能源电力需求走势以及对宏观经济的影响.金融研究,(01):
  46-57.

林伯强.2011.5亿吨目标能否实现?.中国石油石化,(21):27.

林伯强.2011.依存度超美寻常看.中国石油石化,(16):31.

林伯强.2011."能源独立"须动真格.中国石油石化,(8):31.

林伯强.2011.能源战略当"以节为主".经贸实践,(4):11-12.

林伯强.2011.中国的能源危机是"价"的危机.中国物流与采购,(14):22-23.

林伯强.2011.拆解绿色壁垒.董事会,(8):62-63.

林伯强.2011.国际油价上涨挑战价格机制.中国石油石化,(1):24.

林伯强.2011.油价机制不能根治"柴油荒".中国石油石化,(21):28.

林伯强.2011.理顺机制解"油荒".中国石油石化,(11):26.

林伯强.2011.透明合理的电价机制有利于市场化改革.小康,(7):6.

林伯强.2011.煤电联动长效机制应着手准备.能源评论,(7):98.

林伯强.2011.淡季缺电引起电价改革和建立长效机制的思考.电气时代,(7):28-29.

林伯强.2011.解决电力短缺需三管齐下.小康,(6):29-30.

林伯强.2011.免税地沟油作用有限.中国石油石化,(14):27.

林伯强.2011.节能产品何以从"惠民"沦为"惠厂"?.中国改革,(7):54-57.

林伯强.2011.新车用柴油标准的节能意义.中国石油石化,(6):33.

林伯强.2011.光伏产业发展还需要其他相应配套.太阳能,(16):27-28.

林伯强.2011.核电未来:发展与风险的平衡选择.人民论坛,(7):46-48.

林伯强.2011.日本大地震对全球能源发展产生的影响.电网与清洁能源,(4):1-3.

林伯强,孙传旺.2011.如何在保障中国经济增长前提下完成碳减排目标.中国社会科学,
  (01):64-76.

林伯强.2011.煤化工:下猛药彰显整顿决心.中国石油石化,(9):30.

林伯强.2011-11-07.航空业碳关税不似过路费那么简单.中国科学报,B1.

林伯强.2012.煤电一体化真的可以解决煤电矛盾?.中国电力企业管理,(01):35-36.

林伯强.2012.美国能源独立的启示.能源研究与利用,(5):18-19.

林伯强.2012.能源经济学视角的科学发展观的理论探索.经济研究.(3):154-159.

林伯强.2012.欧盟叫停航空碳税或是缓兵之计.环球,(23):60-61.

林伯强.2012.深海开发和环境保护并重("海洋强国"四人谈).环球,(23):36-41.

林伯强.2012.我国需谨推煤电一体化.电力企业管理,(05):38-39.

林伯强.2012.伊朗局势将影响成品油定价改革.石油与装备,(1):2.

林伯强.2012.政府应在光伏产业重组中明确职分工.绿叶,(12):12-15.

林伯强.2012-02-09.下一步资源税改革应纳入煤炭.中国科学报,B3.

林伯强.2012-02-10.海洋石油工业:与中国经济增长共舞.中国海油石油集团

林伯强.2012-02-13.我国确有需要设立"超级能源委".机电商报,A02.

经济转型中的能源思考

林伯强. 2012-02-20. "供电+节能": 构架电力宏观平衡新模式. 中国电力报, 006.

林伯强. 2012-02-21. 中国风电发展缘何过剩. 21 世纪经济报道, 023.

林伯强. 2012-02-22. 电力投资需要超前. 中国证券报, A03.

林伯强. 2012-02-23. 伊朗危机迫下重新审视石油战略储备. 中国科学报, B3.

林伯强. 2012-03-06. 资源税应尽快从价计征. 财经国家周刊. http://news.xinhuanet.com/fortune/2012-03/06/c_122797299.htm [2012-03-06].

林伯强. 2012-03-12. 从消费税入手解决油价易涨难跌. 中国证券报, A05.

林伯强. 2012-03-15. 电价不透明, 怎么涨都难说服消费者. 京华时报, 045.

林伯强. 2012-03-22. 战略石油储备的曲解需要澄清. 中国科学报, B3.

林伯强. 2012-03-28. 减税可为油价调整提供更大空间. 南方都市. http://gcontent.oeeee.com/b/c1/bc1de63a7895e595/Blog/eb5/253596.html [2012-03-28].

林伯强. 2012-03-30. 推行阶梯电价的障碍和解决问题的关键. 东方早报. http://www.dfdaily.com/html/63/2012/3/30/769492.shtml [2013-03-30].

林伯强. 2012-04-05. "局部亏整体赚" 是石油巨头转换游戏. 时代周报. http://finance.ifeng.com/opinion/cjpl/20120405/5859607.shtml [2012-04-05].

林伯强. 2012-04-05. 阶梯电价重在设计. 中国科学报, B3.

林伯强. 2012-04-09. 宏观能源平衡符合发展实际. 中国能源报, 002.

林伯强. 2012-04-13. 高油价或再致 "油荒". 中国证券报, A04.

林伯强. 2012-04-14. 石油行业 "局部亏整体赚" 局面如何应对. 中国经济导报, A02.

林伯强. 2012-04-23. 建立合理油价补贴机制. 中国证券报, A06.

林伯强. 2012-05-03. 建设原油期货市场 "重在参与". 中国科学报, B3.

林伯强. 2012-05-07. 美国重批核项目难言复苏. 中国证券报, A07.

林伯强. 2012-05-10. 电力体制改革基本失败. 时代周报. http://www.chinasmartgrid.com.cn/news/20120510/359487-2.shtml [2012-05-10].

林伯强. 2012-05-10. 美国重启核电是一次试探. 中国科学报. http://www.chinabidding.com/jksb-detail-214466725.html [2012-05-10].

林伯强. 2012-05-12. "阶梯电价" 未来需要 "动态调整". 新京报. http://www.bjnews.com.cn/opinion/2012/05/12/198583.html [2012-05-12].

林伯强. 2012-05-15. 关键是合理确定第一档. 经济日报, 05.

林伯强. 2012-05-16. 推出原油期货重在培养 "人气". 中国证券报, A04.

林伯强. 2012-05-22. 西部节能减排的挑战. 21 世纪经济报道, 022.

林伯强. 2012-06-01. 自主核电技术亟待发展. 中国证券报, A04.

林伯强. 2012-06-08. 推动原油期货 配套改革需跟进. 中国证券报, A04.

林伯强. 2012-06-29. 保持民间资本比例 提高能源行业效率. 中国证券报, A04.

林伯强. 2012-07-04. 推进能源改革 吸引民间投资. 中国证券报, A04.

林伯强. 2012-07-12. 大宗商品价格回落有利经济回暖. 人民日报, 010.

林伯强. 2012-07-12. 后发制人, 铺大南海 "摊子". 环球时报. http://news.cntv.cn/

20120712/105496. shtml ［2012-07-12］.

林伯强 . 2012-07-19. 鼓励民资进入的关键是能源价格改革 . 中国科学报 . http：//
blog. caijing. com. cn/expert_ article-151158-39217. shtml ［2012-07-19］.

林伯强 . 2012-08-07. 别把煤电联营当万金油 . 东方早报，013.

林伯强 . 2012-08-08. 电煤价格"双轨制"迎来改革良机 . 中国证券报，A05.

林伯强 . 2012-08-11. 应抓住国际油价温和时机推新定价机制 . 京华时报，041.

林伯强 . 2012-08-13. 能源安全应借鉴美国策略 . 环球时报 . http：//news. xinhuanet. com/
world/2012-08/13/c_ 123577298. htm ［2012-08-13］.

林伯强 . 2012-08-13. 抓住时机 坚决推出成品油定价机制改革 . 证券日报，A03.

林伯强 . 2012-08-24. 能源经济学 . 中国社会科学报，A04.

林伯强 . 2012-08-24. 能源经济学兴起 . 中国社会科学报，A04.

林伯强 . 2012-08-27. 火电占比不宜下降过快 . 中国证券报，A04.

林伯强 . 2012-08-27. 清洁能源产业缺什么？补什么 . 经济观察报，016.

林伯强 . 2012-08-30. 并购中燃：没有输家的博弈 . 京华时报 . http：//www. ce. cn/cysc/ny/
trq/201208/30/t20120830_ 21242314. shtml ［2012-08-30］.

林伯强 . 2012-08-31. 没有贸易战，新能源会更发展 . 环球时报 . http：//news. sina. com.
cn/pl/2012-08-31/071725073236. shtml ［2012-08-31］.

林伯强 . 2012-08-31. 天然气价改要对垄断说"不" . 中国证券报，A04.

林伯强 . 2012-09-10. 投资页岩气要有战略眼光 . 中国能源报，013.

林伯强 . 2012-09-12. 寻找未来能源突破口 . 哈佛商业评论 . http：//www. hbrchina. org/2012-
09-12/271. html ［2012-09-12］.

林伯强 . 2012-09-14. 争夺稀土话语权要实现行业谋变 . 中国证券报，A04.

林伯强 . 2012-09-17. 参与远东能源开发有利 . 经济观察报，016.

林伯强 . 2012-09-18. 能源价格改革要有时间表 . 东方早报，010.

林伯强 . 2012-09-27. 民资进入管网建设利好天然气市场改革 . 中国科学报 . http：//
www. ce. cn/cysc/ny/trq/201209/27/t20120927_ 21256989. shtml ［2012-09-27］.

林伯强 . 2012-09-28. 细分产业链 挽救光伏业 . 中国证券报，A06.

林伯强 . 2012-10-08. 石油企业走出去与引进来 . 中国能源报，014.

林伯强 . 2012-10-11. 参与俄远东开发能到什么 . 中国科学报 . http：//www. oilchina. com/
cnodc/syxx/cnodc_ xl. jsp？bsm = 050776406. 000A33B4. 58BA&db = cnodcsyxw ［2012-10-
11］.

林伯强 . 2012-10-15. 煤电一体化真的是一个有效的长期政策 . 经济参考报，016.

林伯强 . 2012-10-16. 挽救中国光伏业：补贴研发和终端利用 . 21 世纪经济报道，022.

林伯强 . 2012-10-30. 垃圾发电产业两大问题亟待解决 . 21 世纪经济报道，022.

林伯强 . 2012-11-02. 当前不宜取消稀土配额 . 中国证券报，A04.

林伯强 . 2012-11-08. 2600 亿元投资解决"垃圾围城" . 中国科学报 . http：//blog. caijing.
com. cn/expert_ article-151158-43321. shtml ［2012-11-08］.

林伯强 . 2012-11-15. 发展页岩气需慎重考虑环境问题 . 中国科学报, 007.

林伯强 . 2012-11-19. 阶梯电价将促进太阳能热利用产业 . 经济观察报, 016.

林伯强 . 2012-11-29. 如何平衡"能源三角"关系 . 中国科学报, http：//blog. sina. com. cn/s/blog_ 49e0986201018smq. html? tj＝2.

林伯强 . 2012-12-03. 页岩气开发不可忽视环境因素 . 中国证券报, A04.

林伯强 . 2012-12-10. 电煤并轨之后应是煤电联动 . 证券日报, A03.

林伯强 . 2012-12-18. 为何中海油能成功收购尼克森 . 东方早报, 010.

林伯强 . 2012-12-20. 煤层气开发利用还需"推一把" . 中国科学报, 007.

林伯强 . 2012-12-24. 治理新能源产能过剩重在有序发展 . 中国能源报, 001.

林伯强 . 2012-12-26. 煤电联动是电力改革关键 . 中国证券报, A04.

林伯强 . 2013. 建设大容量长距离能源输送通道 优化我国能源资源配置 . 国家电网, (01)：23

林伯强 . 2013. 中俄能源谈判难点何在 . 环球, (1)：66-67.

林伯强 . 2013-02-20. 成品油价格定价机制为什么迟迟出不来 . 中国经济网 . http：// finance. sina. com. cn/roll/20130220/094414592616. shtml ［2013-02-20］.

林伯强 . 2013-03-19. 页岩气是中国的菜吗 . 东方早报, 008.

林伯强, 刘希颖, 邹楚沅, 等 . 2012. 资源税改革：以煤炭为例的资源经济学分析 . 中国社会科学, (2)：58-78.

牟敦国, 林伯强 . 2012. 中国经济增长、电力消费和煤炭价格相互影响的时变参数研究 . 金融研究, (06)：42-53.

中央人民广播电台经济之声 . 2013. 成品油定价机制需要改革吗 . 中国经济迫切十问 . 219

牛建英, 刘风伟, 赵连荣, 等 . 2011. 石油价格变动对中国工业经济的影响 . 资源与产业, (02)：12-16.

石元春 . 2011. 我国需要新的国家能源战略 . 资源环境与发展, (03)：1-9.

王秀强 . 2010. 完善油价机制：一道必选题——写在新成品油定价机制实施一周年之际 . 中国石油石化, (01)：52-55.

王谋, 潘家华, 陈迎 . 2010. 《美国清洁能源与安全法案》的影响及意义 . 气候变化研究进展, (04)：307-312.

吴国华, 种毅, 牟晶 . 2011. 论我国能源消费总量控制 . 能源技术与管理, (05)：10-12.

姚昕, 刘希颖 . 2010. 基于增长视角的中国最优碳税研究 . 经济研究, (11)：48-58.

阎学通 . 2010. 对中美关系不稳定性的分析 . 世界经济与政治, (12)：4-30.

张俊山, 康千 . 2001. 成品油价格稳中有降——10月份国内成品油市场述评 . 中国石油石化, (11)：48.

张海滨 . 2009. 应对气候变化：中日合作与中美合作比较研究 . 世界经济与政治, (01)：38-48.

张安军 . 2010. 国际油价波动对我国石油工业的影响及对策研究 . 中国石油大学 .

张胜军 . 2010. 全球气候政治的变革与中国面临的三角难题 . 世界经济与政治, (10)：97-

116.

周云亨, 杨震. 2010. 美国"能源独立": 动力、方案及限度. 现代国际关系, (08): 24-28.

Alain Bernard, Marc Vielle. 2009. Assessment of European Union Transition Scenarios with a Special Focus on the Issue of Carbon Leakage. Energy Economics. 31 (2): 274-284.

Alexeeva-Talebi V, Böhringer C, Moslener U. 2007. Climate and Competitiveness: an Economic Impact Assessment of EU Leadership in Emission Control Policies. Centre for European Economic Reasearoh (NEW).

Amory B Lovins, Kyle Datta E, Odd-Even Bustnes, et al. 2005. Winning the Oil Endgame: Innovation for Profits, Jobs, and Security. Rocky Mountain Institute.

Ang B W. 1999. Is the Energy Intensity a less Useful Indicator than the Carbon Factor in the Study of Climate Change? Energy Policy. (27): 943-946.

Ang B W. 2004. Decomposition Analysis for Policy Making in Energy: Which is the Preferred Method? Energy Policy. (32): 1131-1139.

Ash L, Waters C D J. 1991. Simulating the Transport of Coal across Canada——Strategic Route Planning. The Journal of the Operational Research Society. 42 (3): 195-203.

Asian Development Bank. 2001. Handbook for Integrating Poverty Impact Assessment in the Economic Analysis of Projects.

Asselt H V, Brewer T. 2010. Addressing Competitiveness and Leakage Concerns in Climate Policy: an Analysis of Border Adjustment Measures in the US and the EU. Energy Policy. 38 (1): 42-51.

Azar C, Lindgren K, Andersson B A. 2003. Global Energy Scenarios Meeting Stringent CO_2 Constraints-Cost-effective Fuel Choices in the Transportation Sector. Energy Policy. 31 (10): 961-976.

Babu Nahata, Alexei Izyumov, Vladimir Busygin, et al. 2007. Application of Ramsey Model in Transition Economy: a Russian Case Study. Energy Economics. 29 (1): 105-125.

Baffes J. 2007. Oil Spills on Other Commodities. Resources Policy. 32 (3): 126-134.

Bartis J T, Camm F A, Ortiz D S. 2008. Producing Liquid Fuels from Coal: Prospects and Policy Issues: 43-44.

Bartis J T, Latourrette T, Dixon L, et al. 2005. Oil Shale Development in the United States: Prospects and Policy Issues.

Belli P, Anderson J, Barnum H, et al. 1998. Handbook on Economic Analysis of Investment Operations. http://www. evaluaciondeproyectos. es/EnWeb/Recursos/guias_ acb/PDF/5. pdf [2010-10-10].

Boqiang Lin, Aijun Li. 2011. Impacts of Carbon Motivated Border Tax Adjustments On Competitiveness Across Regions In China. Energy. 36: 5111-5118.

Boqiang Lin, Aijun Li. 2012. Impacts of removing fossil fuel subsidies on China: How large and

经济转型中的能源思考

how to mitigate. Energy. 44 （1）: 741-749.

Boqiang Lin, Chuan Wang Sun. 2010. Evaluating carbon dioxide emissions in international trade of China. Energy Policy. 38 （1）: 613-621.

Boqiang Lin, Jiang Hua Liu. 2010. Estimating coal production peak and trends of Coal Imports in China. Energy Policy. 38 （1）: 512-519.

Boqiang Lin, Jiang Hua Liu. 2011. Principles, effects and problems of differential power pricing policy for energy intensive industries in China. Energy. 36 （1）: 111-118.

Boqiang Lin, Jianghua Liu. 2012. Impact of carbon intensity and energy security constraints on China's coal import. Energy Policy. 48: 137-147.

Boqiang Lin, Li Zhang, Ya Wu. 2012. Evaluation of electricity saving potential in Chinas chemical industry based on cointegration. Energy Policy. 44: 320-330.

Boqiang Lin, Ting Wang. 2012. Forecasting natural gas supply in china: Production peak and import trends. Energy Policy. 49: 225-233.

Boqiang Lin, Xia Liu. 2012. Dilemma between economic development and energy conservation: Energy Rebound Effect in China. Energy. 45 （1）: 867-873.

Boqiang Lin, Xuehui Li. 2011. The Effect of Carbon Tax on Per Capita CO2 Emission. Energy Policy. 39: 5137-5146.

Boqiang Lin, Ya Wu, Li Zhang. 2011. Estimates of the Potential for Energy Conservation in the Chinese Steel Industry. Energy Policy. 39 （6）: 3680-3689.

Boqiang Lin, Ya Wu, Li Zhang. 2012. Electricity saving potential of the power generation industry in China. Energy. 40 （1）: 307-316.

Boqiang Lin, Zhujun Jiang, Peng Zhang. 2011. Allocation of Sulphur Dioxide Allowance-anAnalysis based on a Survey of Power Plants in Fujian Province in China. Energy. 36 （5）: 3120-3129.

Boqiang Lin, Zhujun Jiang. 2011. Estimates of Energy Subsidies in China and Impact of Energy Subsidy Reform. Energy Economics. 33: 273-283.

Boqiang Lin, Zhujun Jiang. Designation and Influence of Household Increasing-block Electricity Pricing in China. Energy Policy. 42: 164-173.

BoqiangLin, Aijun Li. 2010. Impacts of Carbon Motivated Border Tax Adjustments on Competitiveness across Regions in China. Energy. 36 （8）: 5111-5118.

Borg S, Moden R W. 1978. Historic and forecasted energy prices by U. S. Department of Energy region and fuel type for three macroeconomic scenarios and one imported oil price escalation scenario.

Bourguignon F, Branson W H, Melo J D. 1989. Marcroeconomic Adjustment and Income Distribution: A Macro-Micro Simulation Model. http: //www. oecd. org/dev/1922770. pdf ［2012- 10- 20］.

Brown S P A, Keith R Phillips. 1991. U. S. Oil Demand and Conservation. Contemporary Economic Policy. 9 （1）: 67-72.

Caroline Freund, Christine Wallich. 1997. Public-sector Price Reforms in Transition Economies: Who Gains? Who Loses? The Case of Household Energy Prices in Poland. Economic Development and Cultural Change. 46 (1): 35-59.

Chakravorty U, Roumasset J, Tse K. 1997. Endogenous substitution among energy resources and global warming. Journal of Political Economy. 105 (6): 1201-1234.

Chandler J. 2009. Trendy Solutions: Why Do States Adopt Sustainable Energy Portfolio Standards. Energy Policy. 37 (8): 3274-3281.

Charles A, Darné O. 2005. Outliers and GARCH Models in Financial Data. Economics Letters. 86 (3): 347-352.

Charles A, Darné O. 2006. Large Shocks and the September11th Terrorist Attacks on International Stock Markets. Economic Modelling. 23 (4): 683-698.

Chen C, Liu L. 1993. Joint Estimation of Model Parameters and Outliers Effects in Time Series. Journal of the American Statistical Association. 88: 284-297.

Chen S S. 2009. Oil Price Pass-through into Inflation. Energy Economics. 31 (1): 126-133.

Christopher Yang, David McCollum, Ryan McCarthy, et al. 2009. Meeting an 80% Reduction in Greenhouse Gas Emissions from Transportation by 2050: A Case Study in California. Transportation Research Part D: Transport and Environment. 14 (3): 147-156.

Claessens S, Varangis P N. 1994. Oil price instability, hedging and an oil stabilization fund: the case of Venezuela.

Cole M A, Rayner A J, Bates J M. 1997. The Environmental Kuznets Curve: An Empirical Analysis. Environment and Development Economics. 2 (4): 401-416.

Cologni A, Manera M. 2008. Oil Prices, Inflation and Interest Rates in A Structural Cointegrated VAR Model for the G-7 Countries. Energy Economics. 30 (3): 856-888.

Corden W M. 1957. The Calculation of the Cost of Protection. The Economic Record. 33 (64): 29-51.

Crastan V. 2010. Global energy economics and climate protection report 2009.

Cunado J, Perez de Gracia F. 2005. Oil prices, Economic Activity and Inflation: Evidence for Some Asian Countries. The Quarterly Review of Economics and Finance. 45 (1): 65-83.

Das P, Srinivasan P V. 1999. Demand for telephone usage in India. Information Economics and Policy. 11 (2): 177-194.

Das S K, Goswami A, Alam S S. 1999. Multiobjective transportation problem with interval cost, source and destination parameters. European Journal of Operational Research. 117 (1): 100-112.

Dasgupta S, Laplante B, Wang H, et al. 2002. Confronting the Environmental Kuznets Curve. The Journal of Econometric Perspectives. 16 (1): 147-168.

David McCollum, Christopher Yang. 2009. Achieving Deep Reductions in US Transport Greenhouse Gas Emissions: Scenario Analysis and Policy Implications. Energy Policy. 37 (12): 5580-

经济转型中的能源思考

5596.

Demailly D, Quirion P. 2006. CO$_2$ Abatement, Competitiveness and Leakage in the European Cement Industry under the EU ETS: Grandfathering versus Output-Based Allocation. Climate Policy. 6 (1): 93-113.

Dhawan R, Jeske K. 2008. Energy price shocks and the macroeconomy the role of consumer durables. Journal of Money, Credit and Banking. 40 (7): 1357-1377.

Dhawan R, Jeske K. 2008. What determines the output drop after an energy price increase household or firm energy share? Economics Letters. 101 (3): 202-205.

Dick H, Gupta S, Vicent D P, et al. 1981. Comparing the effects of the second OPEC oil price shock on income and resource allocation in four oil-poor developing economies: Ivory Coast, Kenya, South Korea, Turkey. https: //www. econstor. eu/dspace/bitstream/10419/46838/1/056580495. pdf [2013-10-10].

Dietz T, Rosa E A. 1994. Rethinking the Environ-mental Impacts of Population, Affluence, and Technology.

Djajic S. 1980. Intermediate inputs and international trade: an analysis of the real and monetary aspects of an oil price shock.

Dong Y, Whalley J. 2012. How Large are the Impacts of Carbon Motivated Border Tax Adjustments? Climate Change Economics. 3 (1): 1-28.

DonVito P, Walton H L. 1979. Regional residential sector energy price forecasts for 1978: electricity, natural gas, number 2 fuel oil, and propane.

Doroodian K, Boyd R. 2003. The Linkage Between Oil Price Shocks and Economic Growth with Inflation in the Presence of Technological Advances: A CGE Model. Energy Policy. 31 (10): 989-1006.

Dresen F J. 2005. Russia in Asia—Asia in Russia: energy, economics, and regional relations. conference proceedings.

EEA. 2008. Energy and environment report 2008. http: //www. wire1002. ch/fileadmin/user_ upload/Documents/Reports/THAL08006ENC_ 002_ 1_ . pdf [2013-10-10].

Ehrlich P R, Holdrens J P. 1971. Impact of population growth. Science. 171: 1212-1217.

EIA. 2009. Annual Energy Outlook 2009. http: //www. eia. gov/oiaf/aeo/pdf/0383 (2009). pdf [2013-10-10].

EIA. 2010. Annual Energy Outlook 2010. http: //www. eia. gov/oiaf/aeo/pdf/0383 (2010). pdf [2013-10-10].

EIA. 2011. Annual Energy Outlook 2011. http: //electricdrive. org/index. php? ht = a/GetDocumentAction/id/27843 [2013-10-10].

EIA. 2012. Annual Energy Outlook 2012. http: //www. eia. gov/forecasts/aeo/pdf/0383 (2012). pdf [2013-10-10].

Eliott R N, Shipley A M, Nadel S, et al. 2003. Natural gas price effects of energy efficiency and renewable energy practices and policies. http://www.apscservices.info/EEInfo/natlgaseffects-2003.pdf [2013-10-10].

Elke Hahn. 2003. Pass-through of external shocks to Euro area inflation. https://www.ecb.europa.e-u/pub/pdf/scpwps/ecbwp243.pdf [2013-10-10].

Eltony M N, AI-Awadi M. 2000. Oil price fluctuations and their impact on the macroeconomic variables of Kuwait a case study using a VAR model. International Journal of Energy Research. 25 (11): 939-959.

Energy Information Administration. 2010. International Energy Outlook 2010. http://large.stanford.edu/courses/2010/ph240/riley2/docs/EIA-0484-2010.pdf [2010-12-10].

Energy Information Administration. 2011. Annual Energy Outlook 2011. http://www.columbia.edu/cu/alliance/documents/EDF/Wednesday/Heal_ material.pdf [2011-12-10].

Energy Information Administration. 2012. Annual Energy Outlook 2012. http://www.eia.gov/forecasts/aeo/pdf/0383 (2012).pdf [2012-12-10].

Engle R F, Granger C W J. 1987. Co-integration and Error Correction: Representation, Estimation, and Testing. Econometrica. 55 (2): 251-276.

Engle R F. 1982. Autoregressive Conditional Heteroscedasticity with Estimates of the Variance of United Kingdom Inflation. Econometrica. 50 (4): 987-1007.

Fang Qi, Lizi Zhang, Bin Wei, et al. 2009. An Application of Ramsey Pricing in Solving the Cross-subsidies in Chinese Electricity Tariffs. http://ieeexplore.ieee.org/stamp/stamp.jsp? tp=&arnumber=4523447 [2010-10-10].

Faruqee H. 2006. Exchange Rate Pass-Through in the Euro Area. IMF Staff Papers. 53 (1): 63-88.

Faulhaber G R. 1975. Cross-subsidization: Pricing in public enterprices. The American Economist Review. 65 (5): 966-977.

Feng Yi. 2000. Dynamic Energy Demand Models: A Comparison. Energy Economics. 22 (2): 285-297.

Foster V, Pattanayak S, Prokopy S. 2003. Water Tariffs and Subsidies in South Asia: Do Current Water Subsidies Reach the Poor?

Frank Biermann, Rainer Brohm. 2005. Implementing the Kyoto Protocol without the USA: the strategic role of energy tax adjustments at the border. Climate Policy. 4 (3): 289-302.

Franz Hubert. 2002. Cross subsidies in Russian electric power tariffs: not as bad astheir reputation. http://www2.wiwi.hu-berlin.de/hns/publications/cross-sub-russian-tariff.PDF [2013-10-10].

Friedl B, Getzner M. 2003. Determinants of CO_2 Emissions in a Small Open Economy. Ecological Economics. 45 (1): 133-148.

Gabriel S A, Kydes A S, Whitman P. 2001. The National Energy Modeling System: A Large-Scale Energy-Economic Equilibrium Model. Operations Research. 49 (1): 14-25.

Galeotti M, Lanza A, Pauli F. 2006. Reassessing the Environmental Kuznets Curve for CO_2 Emissions: A Robustness Exercise. Ecological Economics. 57 (1): 152-163.

Galeotti M, Lanza A. 2005. Desperately Seeking EnvironmentalKuznets. 20 (11): 1379-1388.

Galliker J P. 1983. Energy price and expenditure data report: 1970-1980; (state and U. S. total).

Galí J, Gertler M. 2009. International dimensions of monetary policy.

Garcia-Cerrutti L M. 2000. Estimating Elasticities of Residential Energy Demand from Panel County Data Using Dynamic Random Variables Models with Heteroskedastic and Correlated Error Terms. Resources and Energy Economics. 22 (4): 355-366.

Gately D, Rappoport P. 1988. The Adjustment of U. S. Oil Demand to the Price Increase of 1970s. The Energy Journal. 9 (2): 93-107.

Giovanni Dosi, Richard R Nelson. 1994. An introduction to evolutionary theories in economics. Journal of Evolutionary Economics. 4 (3): 153-172.

Gough. 1982. Major wave of energy price hikes still to hit hospitals, expert predicts. Hospitals. 56 (5): 53.

Granger C W J. 1969. Investigation of Casual Relation by Econometric Models and Cross Spectral Models. Econometrica. 37 (3): 424-438.

Grossman G M, Krueger A B. 1991. Environmental Impacts of a North American Free Trade Agreement. http: //www. nber. org/papers/w3914. pdf [2013-10-10].

Guillermo Yepes. 1999. Do Cross-Subsidies Help the Poor to Benefit from Water and Wastewater Services? http: //www. bvsde. paho. org/acrobat/subside. pdf [2013-10-10].

Guo H, Kliesen K L. 2005. Oil Price Volatility and U. S. Macroeconomic Activity. Federal Reserve Bank of St. Louis Review. 87 (6): 669-684.

Gyaneshwar Rao. 2008. The Relationship between Crude and Refined Product Market: The Case of Singapore Gasoline Market using MOPS Data. http: //mpra. ub. uni-muenchen. de/7579/1/ MPRA [2013-10-10].

G. E. P. Box, G. C. Tiao. 1975. Intervention Analysis with Applications to Economic and Environmental Problems. Journal of the American Statistical Association. 70: 70-79.

Hakan Berument, Hakan Tasçl. 2002. Inflationary effect of crude oil prices in Turkey. Physica A: Statistical Mechanics and its Applications. 316: 568-580.

Hamilton J D. 2003. What is an Oil Shock. Journal of Econometrics. 113 (2): 363-398.

Hanson K, Robinson S, Schluter G. 1991. Sectoral effects of a world oil price shock economywide linkages to the agricultural sector. Journal of Agricultural and Resource Economics. 18 (1): 96-116.

Harberger A C. 1978. On the Use of Distributional Weights in social Cost-Benefit Analysis. Journal of Political Economy. 86 (2): 87-120.

Harmo Y, Masulis R W, Ng V. 1990. Correlations in prices changes and volatility across international stock markets. Review of Financial Studies. 3 (2): 281-307.

Heald D A. 1997. Public Policy Towards Cross Subsidy. Annals of Public and Cooperative Economics. 68 (4): 591-623.

Heald D. 1996. Contrasting Approaches to the 'Problem' of Cross Subsidy. Management Accountant Research. 7 (1): 53-72.

Hewett E A. 1984. Energy, economics, and foreign policy in the Soviet Union.

Hing Lin Chan, Shu Kam Lee. 1997. Modeling and Forecasting the Demand for Coal in China. Energy Economics. 19 (3): 271-287.

Hogan W W. 1989. A Dynamic Putty-semi-putty Model of Aggregate Energy Demand. Energy Economics. 11 (1): 53-69.

Holtz-Eakin D, Selden T M. 1995. Stoking the Fires? CO_2 Emissions and Economic Growth. Journal of Public Economics. 57 (1): 85-101.

Hope E, Singh B. 1995. Energy price increases in developing countries: case studies of Malaysia, Indonesia, Ghana, Zimbabwe, Colombia, and Turkey. http://elibrary. worldbank. org/doi/pdf/10. 1596/1813-9450-1442 [2013-10-10].

Hotelling H. 1931. The Economics of Exhaustible Resources. The Journal of Political Economy. 39 (2): 137-175.

IEA. 2008. CO_2 Capture and Storage: A Key Carbon Abatement Option 2008. http://www. iea. org/p-ublications/freepublications/publication/CCS_ 2008. pdf.

IEA. 2008. Energy technology perspectives 2008: scenarios and strategies to 2050. http://www. iea. org/techno/etp/etp_ 2008_ exec_ sum_ english. pdf [2013-10-10].

IEA. 2010. World Energy Outlook 2010. http://www. worldenergyoutlook. org/media/weo2010. pdf [2013-10-10].

IEA. 2011. World Energy Outlook 2011. http://www. iea. org/publications/freepublications/publica-tion/weo2011_ web. pdf [2013-10-10].

IEA. 2012. World Energy Outlook 2012. https://www. iea. org/newsroomandevents/speeches/w-eo _ launch. pdf [2013-10-10].

IPCC. 2007. Climate change 2007: the physical science basis. https://www. ipcc-wg1. unibe. ch/publ-ications/wg1-ar4/ar4-wg1-frontmatter. pdf [2013-10-10].

Ismer R, Neuhoff K. 2004. Border Tax Adjustments: a Feasible Way to Address Nonparticipation in Emission Trading. Workingpaper.

Jacobson L, Thurman S. 1981. Oil price indexing-versus large price shocks: macroeconomic impacts. http://www. federalreserve. gov/PUBS/ifdp/1981/180/ifdp180. pdf [2013-10-10].

Jaffe A, Miller S, Wallin T. 1990. The complete guide to oil price swaps: a detailed examination of the new financial tools that are reshaping the international oil industry.

JaimeMarquez. 1983. The international transmission of oil price effects. http://www. federalreserve. gov/pubs/ifdp/1983/229/ifdp229. pdf [2013-10-10].

JaimeMarquez. 1986. Oil price effects and OPEC's pricing policy: an optimal control approach. The

Energy Journal. 7 (2): 190-192.

James R Markusen. 1975. International Externalities and Optimal Tax Structures. Journal of International Economics. 5 (1): 15-29.

Jan Bentzen, Tom Engsted. 1993. Short-and Long-run Elasticities in Energy Demand: a Cointegration Approach. Energy Economics. 15 (1): 9-16.

Jan Bentzen. 1994. An Empirical Analysis of Gasoline Demand in Denmark Using Cointegration Techniques. Energy Economics. 16 (2): 139-142.

Javier de Cendra. 2006. Can Emissions Trading Schemes be Coupled with Border Tax Adjustments? An Analysis vis-à-vis WTO Law. Review of European Community & International Environmental Law. 15 (2): 131-145.

Jean Bosco Sabuhoro, Bruno Larue. 1997. The Market Efficiency Hypothesis: the Case of Coffee and Cocoa Futures. Agricultural Economics. 16 (3): 171-184.

Jerry Caprio. 1983. Oil price shocks in a portfolio-balance model. Journal of Economics and Business. 35 (2): 221-233.

Jesus Gonzalo. 1994. Five Alternative Methods of Estimating Long-run Equilibrium Relationships. Journal of Econometrics. 60: 203-233.

Jiménez-Rodríguez R. 2007. The industrial impact of oil price shocks: evidence from the industries of six OECD countries.

Johanse S, Juselius K. 1990. The Full Information Maximum Likelihood Procedure for Inference on Cointegration-With Application to the Demand for Money. Oxford Bulletin of Economics and Statistics. 52 (2): 169-210.

Johanse S, Juselius K. 1994. Identification of the Long-run and the Short-run Structure: an Application to the ISLM Model. Journal of Econometrics. 63 (1): 7-36.

Johansen S. 1988. Statistical Analysis of Cointegration Cectors. Journal of Economic Dynamics and Control. 12: 231-254.

John D Burger, Alessandro Rebucci, Francis E. Warnock, Veronica Cacdac Warnock. 2010. External capital structures and oil price volatility. http: //www. nber. org/papers/w16052. pdf [2013-10-10].

John W Sawkins, Scott Reid. 2007. The Measurement and Regulation of Cross Subsidy. The Case of the Scottish Water Iindustry. Utilities Policy. 15 (1): 36-48.

Juan Antonio Duro, Emilio Padilla. 2006. International inequalitiesin per capita CO_2 emissions: a decomposition method-ology by Kaya factors. Energy Economics. 28 (2): 170-187.

Juncal Cuñado, Fernando Pérez de Gracia. 2003. Do oil price shocks matter? Evidence for some European countries. Energy Economics. 25 (2): 137-154.

Kefa Cen, Yong Chi, Fei Wang. 2007. Challenges of power engineering and environment: proceedings of the International Conference on Power Engineering.

Keith C Brown. 1988. Oil price, changes in reserves, and the reserve/production ratio.

Kilian L, Vigfusson R J. 2009. Pitfalls in estimating asymmetric effects of energy price shocks. http: //papers. ssrn. com/sol3/papers. cfm? abstract_ id=1420252 [2013-10-10].

Kuik O, Hofkes M. 2010. Border Adjustment for European Emissions Trading: Competitiveness and Carbon Leakage. Energy Policy. 38 (4): 1741-1748.

Kwiatkowski D, Phillips P C B, Schmidt P, et al. 1992. Testing the Null of Stationarity Against the Alternative of a Unit Root. Journal of Econometrics. 54: 159-178.

Lantz V, Feng Q. 2006. Assessing Income, Population, and Technology Impacts on CO_2 Emissions in Canada, Where's the EKC? Ecological Economics. 57 (2): 229-238.

LeBlanc M R, Kalter R J, Boisvert R N. 1978. Allocation of United States Coal Production to Meet Future Energy Needs. Land Economics. 54 (3): 316-336.

Lehment H. 1982. Economic policy response to the oil price shocks of 1974 and 1979: the german experience. European Economic Review. 18 (2): 235-242.

Lerman R I, Yitzhaki S. 1985. Income Inequality Effects by Income Source: A New Approach and Applications to the United States. The Review of Economics and Statistics. 67 (1): 151-156.

Lerman R I. 1984. A note on the calculation and interpretation of the Gini index. Economics Letters. 15: 363-368.

Lester C Hunt, Yasushi Ninomiya. 2005. Primary Energy Demand in Japan: An Empirical Analysis of Long-term Trends and Future CO_2 Emissions. Energy Policy. 33 (11): 1409-1424.

Library of Congress. Congressional Research Service. 1986. Oil Price Decreases Illustrative Effects on U. S. Oil Use, Production, and Imports.

Library of Congress. Congressional Research Service. 1988. Oil Price Projections and the Windfall Profit Tax on Crude Oil.

Library of Congress. Congressional Research Service. 1990. Iraq-Kuwait Oil Price Rise U. S. Economic Effects.

Library of Congress. Congressional Research Service. 1991. Energy Independence: Would It Isolate the U. S. from Oil Price Shocks?

Library of Congress. Congressional Research Service. 1997. Oil Price Volatility Background and Policy Issues.

Library of Congress. Congressional Research Service. 2001. U. S. Home Heating Oil Price and Supply During Winter 2000-2001 Policy Options.

Library of Congress. Congressional Research Service. 2002. Energy Independence Would It Free the U. S. From Oil Price Shocks?

Lipsky L M. 2009. Are energy-dense foods really cheaper? Reexamining the relation between food price and energy density. The American Journal of Climate Nutrition. 90 (5): 1397-1401.

Little I M D, Mirrlees J A. 1974. Project Apraisal and Planning for Developing Countries. The Journal of Developing Areas. 9 (2): 282-284.

Londero E. 1990. Benefits and Beneficiaries: An Introduction to Estimating Distributional Effects in

经济转型中的能源思考

Cost-Benefit Analysis.

Looney R E. 1990. Economic development in Saudi Arabia: consequences of the oil price decline (Contemporary Studies in Economics and Financial Analysis).

Lori A Bird, Karlynn S Cory, Blair G Swezey. 2008. Renewable energy price-stability benefits in utility green power programs.

Lu I J, Lewis C, Lin S J. 2009. The Forecast of Motor Vehicle, Energy Demand and CO_2 Emission from Taiwan's Road Transportation Sector. Energy Policy. 37 (8): 2952-2961.

Manners G. 1962. Some Location Principles of Thermal Electricity Generation. The Journal of Industrial Economics. 10 (3): 218-230.

Mar B W, Bakken O A. 1981. Applying Classical Control Theory to Energy-Economics Modeling-A Tool to Explain Model Behavior in Response to Varied Policy Decisions and Changing Inputs. Management Science. 27 (1): 81-92.

Martin Wagner. 2008. The Carbon Kuznets Curve: A Cloudy Picture Emitted by Bad Econometrics? Resources and Energy Economics. 30 (3): 388-408.

Martínez-Zarzoso I, Bengochea-Morancho A. 2004. Pooled mean group estimation for an environmental Kuznets Curve for CO_2. Economics Letters. 82 (1): 121-126.

Mathiesen L, Moestad O. 2004. Climate policy and the steel industry: Achieving global emission reductions by an incomplete climate agreement. The Energy Journal. 25 (4): 91-114.

Mattoo A, Subranmanian A, van der Mensbrugghe D, et al. 2009. Reconciling Climate Change and Trade Policy. https://openknowledge.worldbank.com/bitstream/handle/10986/4319/WPS512-3.pdf? sequence=1 [2013-10-10].

McCarthy J. 2007. Pass-through of Exchange Rates and Import Prices to Domestic Inflation in Some Industrialized Economies. Eastern Economic Journal. 33 (4): 511-537.

McKenzie S. 2008. Energy price once again on the rise. J R Soc Promot Health. 128 (3): 107.

Michael C Lynch. 2002. Causes of Oil Price Volatility. The journal of energy and development. 28 (1): 107-141.

Michael D Bradley, Jeff Colvin, John C Panzar. 1999. On Setting Prices and Testing Cross-subsidy with Accounting Data. Journal of Regulatory Economics. 16 (1): 83-100.

Michael T Klare. 2002. The Deadly Nexus: Oil, Terrorism, and America's National Security. Current History, 101 (659): 420-421.

Mohan Munasinghe. 1995. Making economic growth more sustainable. Ecological Economics. 15 (2): 121-124.

Monjon S, Quirion P. 2010. How to Design a Border Adjustment for the European Union Emissions Trading System. Energy Policy. 38 (9): 5199-5207.

Moomaw W R, Unruh G C. 1997. Are environmental Kuznets curve misleading us? The case of CO_2 emissions. Environment and Development Economics. 2 (4): 451-463.

Mudit Kulshreshtha, Jyoti K Parikh. 2000. Modeling Demand for Coal in India: Vector Autoregressive Models with Cointegrated Variables. Energy. 25 (2): 149-168.

Muir D, Osborne P, Muir A T, et al. 1983. The energy economics and thermal performance of log houses: a log home guide energy report.

Munasinghe M, Schramm G. 1983. Energy economics, demand management, and conservation policy.

Nathan S Balke, Stephen P A Brown, Mine K Yücel. 2002. Oil price shocks and the U. S. Economy: Where Does the Asymmetry Originate? The Energy Journal. 23 (3): 27-52.

Nathan S Balke, Thomas B. Fomby. 1991. Shifting Trends, Segmented Trends, and Infrequent Permanent Shocks. Journal of Monetary Economics. 28 (1): 61-85.

Nic Rivers. 2010. Impacts of Climate Policy on Competitiveness of Canadian Industry: How Big and How to Mitigate. Energy Economics. 32 (5): 1092-1104.

Nordhaus W D, Houthakker H, Solow R. 1973. The Allocation of Energy Resources. Brooking Papers on Economic Activity. 1973 (3): 529-576.

Nowell G P. 2010. Gusher of Lies: The Dangerous Delusions of "Energy Independence". Peace & Change. 35 (2): 367-370.

Oded Stark, Edward Taylor J, Shlomo Yitzhaki. 1986. Remittances and Inequality. The Economic Journal. 96 (383): 722-740.

Palmer K. 1992. A Test for Cross Subsidies in Local Telephone Rates: Do Business Customers Subsidize Residential Customers? The Rand Journal of Economics. 23 (3): 415-431.

Parik J, Shukla V. 1995. Urbanization, Energy Use and Greenhouse Effects in Economic Development: Results from a Cross-national Study of Developing Countries. Global Environmental Change. 5 (2): 87-103.

Patricia Silva, Irina Klytchnikova, Dragana Radevic. 2009. Poverty and Environmental Impacts of Electricity Price Reforms in Montenegro. Utilities Policy. 17 (1): 102-113.

Paul Castillo, Carlos Montoro, Vicente Tuesta. 2007. Inflation premium and oil price volatility.

Paul G Caldwell, Earl V Taylor. 2008. New research on energy economics.

Paul Krugman. 1994. Competitiveness: A Dangerous Obsession. Foreign Affairs. http: //heinonline. org/HOL/Page? handle = hein. journals/fora73&div = 31&g_ sent = 1&collection = journals.

Pradip Chattopadhyay. 2004. Cross-subsidy in electricity tariffs: evidence from India. Energy Policy. 32 (5): 673-684.

Pradip Chattopadhyay. 2007. Testing viability of cross subsidy using time-variant price elasticities of industrial demand for electricity: Indian experience. Energy Policy. 35 (1): 487-496.

Ramanathan R. 1999. Short-run and Long-run Elasticities of Gasoline Demand in India: An Empirical Analysis Using Cointegration Techniques. Energy Economics. 21 (4): 321-330.

Robert A De Santis. 2003. Crude oil price fluctuations and Saudi Arabia's behaviour. Energy Economics. 25 (2): 155-173.

Rodney Samimi. 1995. Road Transport Energy Demand in Australia A Cointegration Approach.

经济转型中的能源思考

Energy Economics. 17 (4): 329-339.

Roesser R, Tavares R, Rhyne I, et al. 2009. Natural gas price volatility (staff report). http://www.energy.ca.gov/2009publications/CEC-200-2009-009/CEC-200-2009-009-SF.PDF [2010-10-10].

RogerFouquet. 1995. The Impact of VAT Introduction on UK Residential Energy Demand: An Investigation Using the Cointegration Approach. Energy Economics. 17 (3): 237-247.

Rosston G L, Wimmer B S. 2000. The State of Universal Service. Information Economics and Policy. 12 (3): 261-283.

Sachs J, Panayotou T, Peterson A. 1999. Developing Countries and the Control of Climate Change: A Theoretical Perspective and Policy Implications. http://pdf.usaid.gov/pdf_docs/PNACH179.pdf [2010-10-10].

Sakawa M. 1993. Fuzzy Sets and Interactive Multiobjective Optimization (Applied Information Technology).

Sancho F. 2009. Calibration of CES Functions for Real-world Multisectoral Modeling. Economic System Research. 21 (1): 45-58.

Sarah Keener, Sudeshna Ghosh Banerjee. 2005. Ghana: Poverty and Social Impact Analysis of Electricity Tariffs. https://openknowledge.worldbank.org/bitstream/handle/10986/17985/3599110-paper.pdf? sequence=1 [2010-10-10].

Satyanarayan S, Somensatto E. 1997. Trade-offs from hedging oil price risk in Ecuador.

Schaeffer P V. 2008. Commodity modeling and pricing: methods for analyzing resource market behavior.

Scott B Brown. 1983. An Aggregate Petroleum Consumption Model. Energy Economics. 5 (1): 27-30.

Selden T M, Song D. 1994. Environmental Quality and Development: Is There a Kuznets Curve for Air Pollution Emissions. Journal of Environment Economics and Management. 27 (2): 147-162.

Shaffer E C. 1981. Kenya and the energy problem: examination fo a developing country's policy response to the oil price increases, 1974-1978.

Shafik N, Bandyopadhyay S. 1992. Economic Growth and Environmental Quality: Time Series and Cross country Evidence.

Sharma N. 1988. Forecasting Oil Price Volatility. http://scholar.lib.vt.edu/theses/available/etd-5398-184344/unrestricted/etd.pdf [2010-10-10].

Shiang-Tai Liu, Chiang Kao. 2004. Solving fuzzy transportation problems based on extension principle. European Journal of Operational Research. 153 (3): 661-674.

StephenBlank. 1995. Energy, economics, and security in Central Asia: Russia and its rivals. Central Asia Survey. 14 (3): 373-406.

Symons E, Proops J, Gay P. 1994. Carbon Taxes, Consumer Demand and Carbon Dioxide Emissions: A Simulation Analysis for the UK. Fiscal Studies. 15 (2): 19-43.

Tim Bollerslev. 1986. Generalized autoregressive conditional heteroskedasticity. Journal of Econometrics. 31 (3): 307-327.

Tol R S J. 2007. Carbon Dioxide Emission Scenarios for the USA. Energy Policy. 35 (11): 5310-5326.

Tzeng G, Teodorovic D, Hwang M. 1996. Fuzzy bicriteria multi-index transportation problems for coal allocation planning of Taipower. European Journal of Operational Research. 95 (1): 62-72.

Unalmis D, Unalmis I, Unsal D F. 2009. On the sources of oil price fluctuations. International Monetary Fund Working papers. https://www.imf.org/external/pubs/ft/wp/2009/wp09285.pdf [2010-10-10].

Vogelsang T J. 2001. Unit Roots, Cointegration and Structural Change. Journal of the American Statistical Association. 96: 399-355.

Watkins G C. 1991. Short-and Long-term Equilibria: Relationship between First and Third Generation Dynamic Factor Demand Models. Energy Economics. 13 (1): 2-9.

Woodruff A. 2007. The potential for renewable energy to promote sustainable development in Pacific Island countries.

Yaobin Liu. 2009. Exploring the Relationship between Urbanization and Energy Consumption in China Using ARDL (autoregressive distributed lag) and FDM (factor decomposition model). Energy. 34 (11): 1846-1854.

Yitzhaki S. 1982. Stochastic dominance, mean variance and Gini's mean difference. The American Economist Review. 72 (1): 178-185.

Yitzhaki S. 1990. On the Effect of Subsidies to Basic Food Commodities in Egypt. Oxford Economic Papers. 42 (4): 772-792.

Zerby J A, Cordon R M. 1983. Joint Costs and Intra-tariff Cross-subsidies: the Case of Liner Shipping. The Journal of Industrial Economics. 31 (4): 383-396.

Zhaoyang Peng, Will Martin. 1994. Oil price shocks and policy responses in the post-reform Chinese economy. The Journal of Development Studies. 31 (1): 179-200.

ZonglueHe, Koichi Maekawa. 2001. On spurious Granger Causality. Economics Letters. 73 (3): 307-313.